1 8 9 6

积淀百余载文化底蕴

织就三十年锦绣华章

1993 ● 2023

荣寶齋出版社

1 8 9 6

积淀百余载文化底蕴

织就三十年锦绣华章

1993 2023

翰墨缥缃

荣宝斋出版社
30周年
大事记

1　　8　　9　　6

1993—2023

刘　蓓　主编

荣寶齋出版社
北京

珊瑚枝
袁錫

锦绣缥缃

传承百年文脉

二〇二三年是荣宝斋出版社成立三十周年。荣宝斋出版的历史，可以追溯至一八九六年，『帖套作』成立，距今已有一百二十余年。

藻绘文心

赓续翰墨传奇

二十世纪三十年代，鲁迅、郑振铎委托荣宝斋出版了《北平笺谱》《十竹斋笺谱》。

荣宝斋出版社挂牌成立三十年来，深耕于中国传统书画、古今艺术理论、当代学术研究、艺术鉴赏收藏等出版领域，推出了一系列精品图书，得到了读者朋友们的广泛好评，业已成为发扬民族文化、传承书画艺术的重要机构。

凡　例

一、荣宝斋的出版历史光辉悠久，早在光绪二十二年（1896年），荣宝斋就成立了“帖套作”，开始从事以刻印笺纸业务为主的出版活动。新中国成立后，荣宝斋以木版水印的形式出版了大量名家书画作品。木版水印作为一种独特的印刷出版方式，是荣宝斋早期的主营业务之一，出版社的前身即是服务于木版水印的勾描室。因此，我们将早期木版水印的历史作为《荣宝斋出版社30周年大事记》（以下简称“大事记”）的开端，以求追本溯源，知所从来。

二、本《大事记》所记内容基本按年代先后排列，同一年份的按月份早晚排列，无月份的置于此年最后。从中可见本社出版业务的时代沿革与发展变化。

三、本《大事记》以出版物为主线，以收录历年来获奖和受资助的图书为主，兼及人员架构和任命情况，惟所涉人员众多，不能具载，故仅取主事者加以迻录。

四、本《大事记》所载出版物的情况均有出处，遇有歧异的，必加核验。所及人事情况，大多参考了原始文件资料。时代久远、资料阙失的则以亲历者的回忆和口述为参考，多方访问，取其同者加以笔录，冀以存历史之真，彰人才之盛。

五、本《大事记》虽属简略，但充分收集和研读了相关资料，在撰写中努力秉持“如实描写，并无讳饰”的史家“实录”精神。惟记出版产品、人员、时间、事件，不做主观评价。

六、在撰写本《大事记》的过程中，编写组将所搜集到的近千件资料进行了筛选和电子化，扫描成近500件电子图像，最后从中选取了部分用于出版。这些图片大多来自本社资料室，还有一部分系社会各界提供。由于图片数目庞大，与之相关的作者、所涉人员及其亲属后人，恕不能一一致询，在此谨表谢忱。

七、在荣宝斋漫长的出版历史中，产生了大量优秀图书、木版水印名家名作，涌现出众多杰出的出版家、艺术家和管理者。囿于资料和时间所限，编写组无法一一枚举；或已有著录但时光荏苒，年月有所差误，诸如此类，以俟将来。本《大事记》是一个阶段性总结，这是一项未竟的事业，需要一代又一代荣宝出版人用心、用情续写。相信随着荣宝斋出版社的发展，今后将会有更多光彩绚烂的成就，载诸历史。

日日红橋鬬酒卮，家家桃李艷芳
姿。閑門只是栽蘭竹，留得春光過四時。
乾隆壬午
板橋鄭燮
板橋
鄭燮
七品官耳

序　言

织就三十年锦绣华章

杨牧之

看到荣宝斋出版社社庆三十周年的宣传语："积淀百余载文化底蕴，织就三十年锦绣华章"，颇为兴奋。这两句口号既概括了出版社母体荣宝斋的光辉历史，也写出了出版社三十年创造的锦绣华章，为荣宝斋百年历史增添了绚丽的色彩。

三十年前的往事犹在眼前。

1993年，我正在新闻出版署图书司做司长。荣宝斋提出要成立出版社，审核申报材料是图书司的业务。我们提交署务会议讨论。虽然有争论——荣宝斋名声远播，享誉中外，已有一个编辑部，现成的品牌，不必再舍近求远吧，但最后大家还是同意了荣宝斋建出版社的申请。

一来，荣宝斋有丰富的民族文化资源，又集中了一批专业人才，团结了一批国内外驰名的专家，充分利用百年老店的文化资源，充分发挥它的自身优势，一定会办出一个有特色的出版社。再回忆起荣宝斋历史上对出版的贡献，大家就更有了信心。特别是一百二十余年前（1896年）荣宝斋木版水印的"帖套作"，开拓了印刷新篇章。二十世纪三十年代，鲁迅、郑振铎委托荣宝斋印制出版了《北平笺谱》《十竹斋笺谱》，深得二人的好评。在这个基础上集中精力，借助荣宝斋的名气，专门办一家出版社，集中考虑出版的事，对中国文化的传播应该更有意义。

转眼三十年过去，荣宝斋出版社没有辜负大家的期望。有人认为它只是一个仅有三四十人的小出版社，依附于荣宝斋，成不了大的气候。事实恰恰相反。我简单择出它所出的一些出版物，大家就能得出肯定的答案：

荣宝斋出版社是1993年4月成立的，转年的1994年10月，它就以《虢国夫人游春图》获得第一届国家图书奖的奖励；《我读石涛画语录》获得署直出版社优秀编辑一等奖；

1999年，《孙子兵法百家书》获首届全国优秀艺术图书二等奖；

2002年，《十竹斋笺谱》获第二届全国优秀艺术图书三等奖；

2003年，《叶毓中国画重彩后集 唐风》获中国出版集团优秀图书设计奖；

2009年，《手捏戏文 泥土神韵》获中国出版集团优秀常销书奖；

2013年，《中国印论类编》（上、下）获第三届中国出版政府奖图书奖提名奖；

2015年，《荣宝斋》《艺术品》两种杂志获评中国最美期刊称号；

2018年，《荣宝斋系列水墨画册》（俄文版）获第二十七届俄罗斯国家级优秀图书奖；

2019年，《赖少其全集》获二十八届"金牛杯"优秀美术图书金奖；

2020年，《唐代绘画史》获第二十九届"金牛杯"优秀美术图书银奖。

以上只是我顺手摘记的部分获奖图书，已足以显示三十年成长的轨迹。特别值得一提的是2022年12月，正当荣宝斋出版社三十周年大庆前夕，《中国图书海外馆藏影响力报告》发布，荣宝斋出版社数字出版物海外馆藏数量位列第十；纸质图书海外馆藏数量名列第六十五位，进入百强。这两个数字，虽然并非整体出版情况统计，但能进入海外馆藏第六十五位，在全国六百余家出版社队伍中已名列前茅！

三十年历程是光荣的历程，是收获满满的历程。从选题策划、编辑水平、校对功底、印制质量、营销能力，都展示出一个专业出版社的特色。山不在高有仙则名，水不在深有龙则灵，一个建社三十年、只有三四十人的出版社，有如此成绩，值得骄傲、令人赞佩！

荣宝斋老经理马五一同志说：“荣宝斋出版社的选题、主办的刊物，都是与书画家联系的重要渠道。名家作品，扩大提高了荣宝斋的影响，而荣宝斋的出版物，又提升了画家的美誉度。”这话是很有道理的。出版社与作者、读者总是相辅相成，互相促进的。我们为作者服务，为读者服务，在这个服务的过程中，我们出了好书、好画，团结了广大作者，为祖国积累了文化财富。同时，也锻炼了我们自己，丰富了我们的人生，成就了一个优秀的出版社品牌。

三十而立，荣宝斋出版社正当年。博大精深的中华文明，是中华民族屹立于世界发展、创新的根基。五千年的文化底蕴是中华民族团结向上、追求奋斗的保障。只有真正深入地了解悠久的中华文明，才能有效地建设中华民族的现代文明。这一切正是荣宝斋出版社的使命。中国绘画、中国书法、篆刻、木版水印、画谱，等等，都体现着中华民族的美学观念和审美意识，体现了五千年文明古国无可比拟的精神力量。荣宝斋出版社肩负着弘扬中华民族传统文化的重任。路正长，事业正在发展，祝荣宝斋出版社乘大力发展传统文化的东风，不断创新，不断前进，出版更多更美的出版物。

2023年7月于朝阳门

我与荣宝斋出版社的交往点滴

孙志钧

今年是荣宝斋出版社建社30周年，写点东西，写和出版社的渊源和交往，以志纪念。

荣宝斋出版社是个规模不大的出版社，属荣宝斋的一个部门，主要出版中国画、书法及理论书籍。出版社以发扬中国艺术传统为己任，坚持学术，坚持出精品，出版了经典巨著《中国书法全集》《百年雄才》《赖少其全集》等大量学术著作和中国画画册。在当今出版市场都在追逐经济效益的情况下，这种坚持难能可贵。

荣宝斋出版社是在荣宝斋原编辑部的基础上组建而成的，家父孙树梅一直主持编辑部的工作。当初的设立主要是为了出版荣宝斋的木版水印作品。很多画家在编辑室做勾描工作，在我父亲的主持下刻印的《簪花仕女图》《韩熙载夜宴图》等都是中国木版水印画的高峰，曾荣获德国“莱比锡”书展的金质奖章。后来，编辑部也出版一些画册和文字书，比如《荣宝斋画谱》，包括古代、近现代一些国画大家的画谱，起到了普及传统中国画的作用，是出版社的重要品牌，影响至今。

荣宝斋出版社的学术品位高，信誉好，选题高雅，审查严格。许多著名的画家都和出版社合作出版画集，成为经典。我从事中国画教学和创作多年，也曾和荣宝斋出版社合作出版过几本作品集。

我曾出版过一本《荣宝斋国画技法丛书——工笔人物画范》，是应老编辑陈杜宇之邀编著的。我为此书专门撰写了工笔人物技法的论述，并画了步骤，写了说明文字。这本书出版得比较早，受到了学习工笔人物画的读者好评。

2007年，我主持过一个重点项目“北京市创新团队——学院工笔画教学与创作研究”。我们的工笔画团队在研究、教学和自己创作的基础上形成的成果之一，就是出版一套图文并茂的书，每位团队成员一本，共八本，也是和荣宝斋出版社合作完成的。出版社很重视，做得很精致，设计和编排都经过编辑的用心思索，出版后在中国美术馆展览时推出，受到美术界的好评和赞誉，作为项目成果也通过了相关部门的验收，出版社的努力功不可没。

我在出版书籍时和他们接触交流，感受到了编辑们的敬业精神和学术品味的高雅。前些年出版市场比较乱，对出书把关不严，很多出版社都名声扫地。而荣宝斋出版社一直坚持正确的出版方向，书画圈内都有很好的声誉，在广大读者中拥有很好的口碑。这些都是难能可贵的，尤其是在网络媒体泛滥的当下，这种坚持实属不易。

祝荣宝斋出版社办出自己的特色，办出更高的水平。

2023年4月

从《芥子园画谱》到《荣宝斋画谱》

史国良

俗话说，没有规矩不成方圆，在中国绘画中的规矩就是笔法、画法、皴法等基本功，中国画讲究“师古人”“师造化”，没有基本功的画者再有想法，再师造化，也是巧妇难为无米之炊。画谱的出现，对于中国画的习画者来说，有很大的帮助。

中国传统绘画学习，讲究“师承相传”，其中包括三个部分：一是师父带徒弟，二是师法古意，三是参考画谱。画谱是学习中国绘画的入门级工具书，即使没有老师和科班训练，学生依据对画谱的研习、临摹也可以掌握其中的技法和规律。

诞生在清朝的《芥子园画谱》就是这样一本中国画技法教科书。书中包含了山水、人物、花鸟、鱼虫等部分，从用笔、构图到形式，对古意人物、山石花鸟、梅兰竹菊、草虫翎毛的画法等都有详细的讲解。近现代很多书画大家如齐白石、黄宾虹、潘天寿等都把它作为基础学习范本，放在案头终身学习，从中汲取营养。直至今天，《芥子园画谱》出版多次，影响力不减，依然是传统绘画入门的法宝。

但不得不说，《芥子园画谱》也有它的时代局限性。由于诞生在康熙年间，采用当时的木刻套版技术印刷而成，虽然对用笔、皴法都有比较清晰详尽的讲解，但印刷技术的局限性，导致画谱不能表现中国水墨的韵味，也不能表现色彩，更何谈体现色彩的丰富和变化，这导致学生很难一下子领悟到作画者的想法。再者，笔墨当随时代，我们的生活距离《芥子园画谱》的诞生已三百多年，今天的建筑、服饰、物品、交通工具、人们的生活形态都与古人大不相同，如何用传统的笔墨反映我们当下的时代，《芥子园画谱》也存在一些局限性。

《荣宝斋画谱》的诞生，正好弥补了《芥子园画谱》的不足。从1979年第一本画谱出版至今，《荣宝斋画谱》的出版一直没有间断过，据说已经出了三百余本，涵盖古代和近现代名家的人物、山水、花鸟等种类和不同的流派，既承载了中国传统绘画的技法和笔墨，又兼具了时代性，从《荣宝斋画谱》中可以看到中国画的变迁。更主要的是，随着科技的进步，现代印刷技术的应用，《荣宝斋画谱》尽可能地保留了绘画作品的丰富性，读者尽可看到画家的笔墨技法、色彩规律，通过细微处步入中国画学习的大门，走进画家的内心。读者也可以根据自己的喜好选择适合自己的风格和流派加以学习。

在我的书架上，至今还摆放着许多本《荣宝斋画谱》，从我学画的时代开始，它就是我重要的工具书，至今几十年，每每翻看，都能从中吸收不少养分。

我自己也有幸在荣宝斋出版过两本画谱，作为画家来讲，能够与许多前辈一起为这套画谱贡献力量，是我的荣誉，也是我自己多年绘画创作、教学经验的一次重要总结。为了完成好这两本画谱，也为了让读者能够深入浅出地理解写实人物画，我从示范图到写生、创作、文字讲解都做了精心地编排，从前辈所作的《荣宝斋画谱》获取灵感，把自己的经验总结提炼，因此两本画谱问世以后市场反响都还不错，并再版。这两本书能够给广大的人物画学习者带去一些有价值的内容，我也感到很欣慰。

《荣宝斋画谱》问世已接近半个世纪，出版各家各派不下上百种，如今的它依然紧跟时代，不断创新开拓，就像一个三尺讲堂上孜孜不倦且精力充沛的师者，为培养中国画人才、传播美术知识和中国文化发挥着重要作用。

2023年6月

翰墨缥缃

荣宝斋出版社
30周年
大事记

目录

1896
积淀百余载文化底蕴
织就三十年锦绣华章
1993 2023

1896—1993—2023 出版大事记

榮寶齋出版社

黎棗初芬

梨枣初芬

1896 清光绪二十二年（1896年），荣宝斋“帖套作”成立，开始涉足笺纸刻印、装帧等出版业务。

1933—1934 受鲁迅、郑振铎委托，刻印出版《北平笺谱》《十竹斋笺谱》（木版水印）。

1945 成功试印张大千《敦煌供养人》（木版水印）。

1950 8月24日，经政务院（编者按：今国务院）文化教育委员会批准，荣宝斋改为公私合营机构，专门经营美术作品的出版与经销事业。

1951 4月，书法篆刻家徐之谦于荣宝斋编辑室从事书法篆刻和出版。

1952 编辑、出版《中国画汇编》《现代国画》（木版水印）。

1954 印制绢本山水《月夜楼阁》（木版水印）。

1959 荣宝斋木版水印艺术展获莱比锡国际图书展览会特殊展览金质奖章。

1962 1962年，时任荣宝斋经理侯恺提出《荣宝斋画谱》出版计划；1月，陈毅元帅为《荣宝斋画谱》题词。

1965 截至1965年上半年，以木版水印技艺复制完成古画144幅（包括《簪花仕女图》4段和《韩熙载夜宴图》第4段），古代画册14本；现代画105幅，现代画册28本。刻印完成《荣宝斋笺谱》《敦煌壁画选》《宋元画册》《明清花卉集锦册》《齐白石画册》《百花诗》等。

1977 二十世纪五六十年代出版贺年卡、《百花图》挂历等。
1977年，徐之谦书《毛主席诗词三十九首草书帖》出版，首印50万册。

1978 《鲁迅小说插图集》出版，周建人题写书名，范曾绘插图，刘炳森书写原文、康默如篆刻，首印20万册。

1979 荣宝斋成立编辑出版部（荣宝斋出版社前身），孙树梅任主任。《荣宝斋画谱》系列丛书第一册《王雪涛绘写意花鸟草虫》出版，首印3万册。《白石老人写意画册》获全国书籍装帧艺术展览印刷装订奖。

1982 《分类画范——自习画谱大全》出版。

1986—1988 第一本刊物《金石书画》以丛书形式出版。

1989 《八大山人画集》（木版水印）获莱比锡图书博览会金质奖章。

1990 《八大山人涉事册》（木版水印）获中国优秀美术图书奖银奖（1980年—1990年）。
《卢坤峰水墨花鸟册》获首都精装书籍装帧全优奖一等奖。

1991 《中国书法全集》项目启动。

1992 《齐白石印影》获新闻出版署直属出版社优秀图书奖、优秀编辑二等奖、优秀设计二等奖。

1993 1993年4月28日，新闻出版署下发《关于同意使用荣宝斋出版社名称的批复》，同意荣宝斋出版部使用荣宝斋出版社名称，荣宝斋出版社正式挂牌成立，郜宗远任社长兼总编辑。

光绪二十二年
1896

荣宝斋"帖套作"成立，开始涉足笺纸刻印、装帧等出版业务。

1933—1934

受鲁迅、郑振铎委托，刻印出版《北平笺谱》《十竹斋笺谱》（木版水印）。

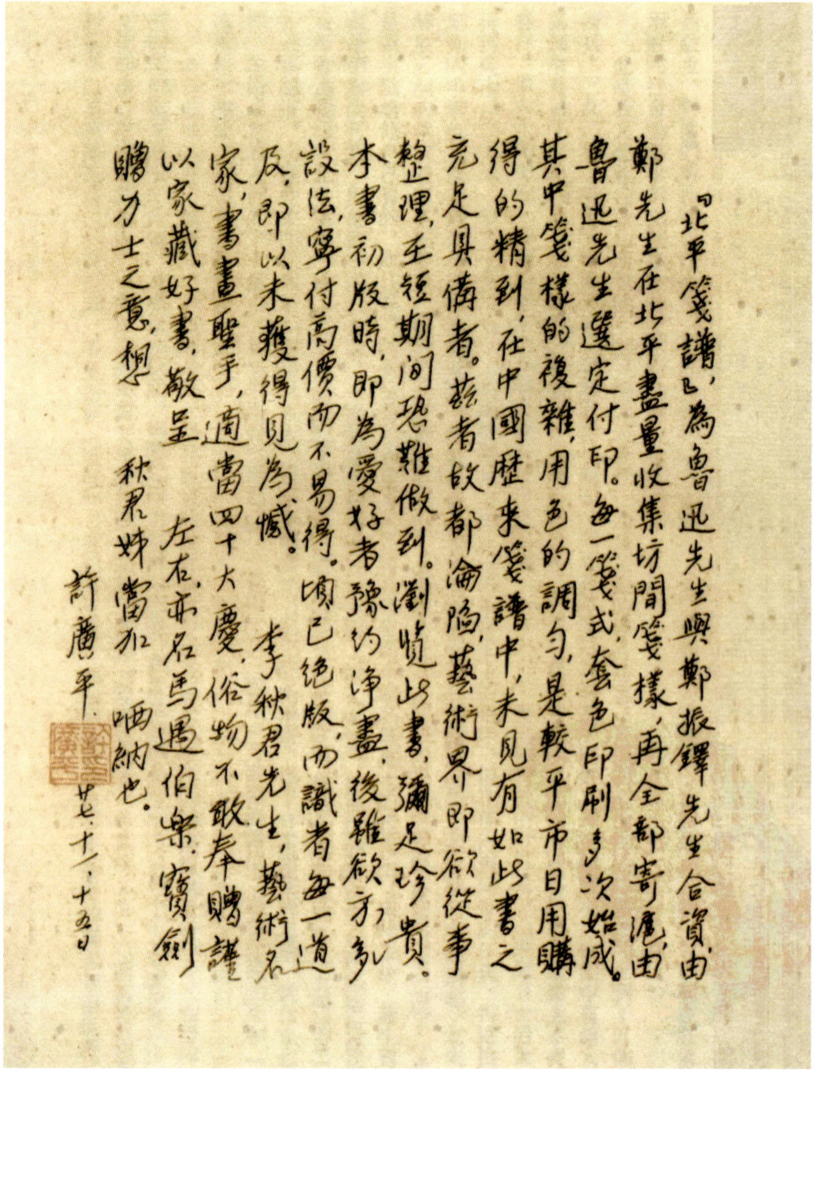

『北平箋譜』為魯迅先生與鄭振鐸先生合資由
鄭先生在北平盡量收集坊間箋樣，再全部寄滬，由
魯迅先生選定付印。每一箋式套色印刷多次始成。
其中箋樣的複雜，用色的調勻，是較平市日用購
得的精到，在中國歷來箋譜中，未見有如此書之
完足具備者。茲者故都淪陷，藝術界即欲從事
整理，在短期間恐難做到。瀏覽此書，彌足珍貴。
本書初版時，即為愛好者豫約淨盡，後雖欲另
設法，寧付高價而不易得。頃已絕版，而識者每一道
及，即以未獲得見為憾。李秋君先生，藝術名
家，書畫聖手，適當四十大慶，俗物不敢奉贈，謹
以家藏好書，敬呈 左右，亦名馬遇伯樂，寶劍
贈力士之意，想 秋君姊當加 哂納也。
許廣平 廿七，十一，十五日

《北平笺谱》许广平跋

鲁迅 1881—1936

原名周樟寿，后改名周树人，字豫山，后改字豫才，浙江绍兴人。著名文学家、思想家、革命家、教育家、民主战士，新文化运动的重要参与者，中国现代文学的奠基人之一。

郑振铎 1898—1958

字西谛，笔名郭源新，出生于浙江永嘉，原籍福建长乐。中国现代杰出的爱国主义者和社会活动家、作家、诗人、学者、文学评论家、文学史家、翻译家、艺术史家、收藏家、训诂家，景星学社社员。

《北平笺谱》（木版水印）

《十竹斋笺谱》（木版水印）

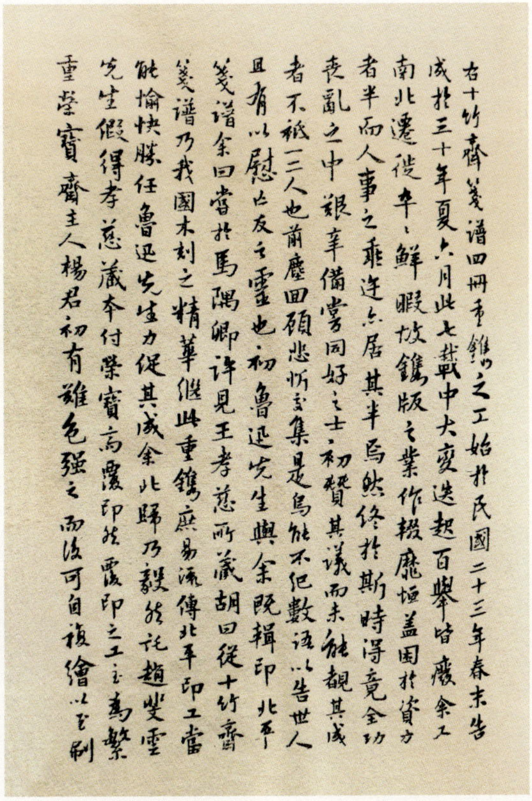
右十竹齋箋譜四冊重鐫之工始於民國二十三年春末告成於三十年夏六月此七載中大變迭起百舉皆廢余亦南北遷徙卒卒鮮暇故鐫版之業作輟靡恆蓋困於資力者半而人事之乖迕亦居其半焉然終於斯時得竟全功喪亂之中艱辛備嘗同好之士初贊其議而未能覩其成者不祇一二人也前塵回顧悲忻交集是烏能不紀數語以告世人且有以慰亡友之靈也初魯迅先生與余既輯印北平箋譜余回嘗於馬隅卿許見王孝慈所藏胡曰從十竹齋箋譜乃我國木刻之精華繼此重鐫庶易流傳北平印工當能愉快勝任魯迅先生力促其成余北歸乃毅然託趙斐雲先生假得孝慈藏本付榮寶齋覆印覆印之工至為繁重榮寶齋主人楊君初有難色強之而後可自複繪以至刷

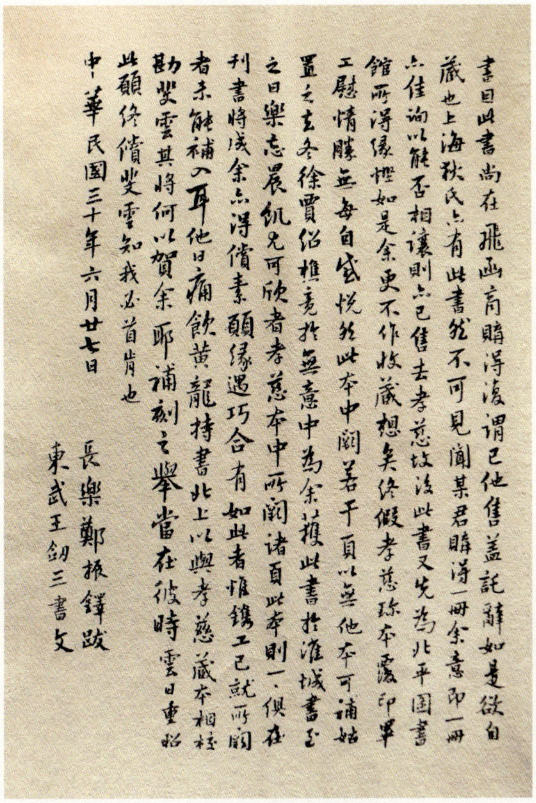
書目此書尚在飛函商購得復謂已他售蓋託辭如是欲自藏也上海狄氏亦有此書然不可見聞某君購得一冊余意即一冊亦佳詢以能否相讓則亦已售去孝慈故後此書又先為北平圖書館所得緣慳如是余更不作收藏想矣終假孝慈殘本覆印畢工慰情勝無每自憾悅於此本中闕若干頁以無他本可補姑置之去冬徐賈紹樵竟於無意中為余獲此書於淮城書至之日樂忘晨飢尤可欣者孝慈本中所闕諸頁此本則一一俱在刊書將成余亦得償素願緣遇巧合有如此者惟鐫工已就所闕者未能補入耳他日痛飲黃龍持書北上以與孝慈藏本相校勘斐雲其將何以賀余耶補刻之舉當在彼時雲日重昭此願終償斐雲知我必首肯也

中華民國三十年六月廿七日　長樂鄭振鐸跋　東武王劭三書文

郑振铎《重印〈十竹斋笺谱〉跋》

1945

成功试印张大千《敦煌供养人》（木版水印）。

张大千 1899—1983

四川内江人，中国泼墨画家，书法家。二十世纪五十年代，张大千游历世界，获得巨大的国际声誉，被西方艺坛赞为『东方之笔』。他与二哥张善子昆仲创立『大风堂派』，是二十世纪中国画坛最具传奇色彩的泼墨画家。特别在山水画方面卓有成就。后旅居海外，画风工写结合，重彩、水墨融为一体，尤其是泼墨与泼彩，开创了新的艺术风格，因其诗、书、画与齐白石、溥心畲齐名，故又并称为『南张北齐』和『南张北溥』。

张大千在敦煌临摹壁画

张大千《敦煌供养人》(木版水印)

张大千《华山云海图》（荣宝斋藏）

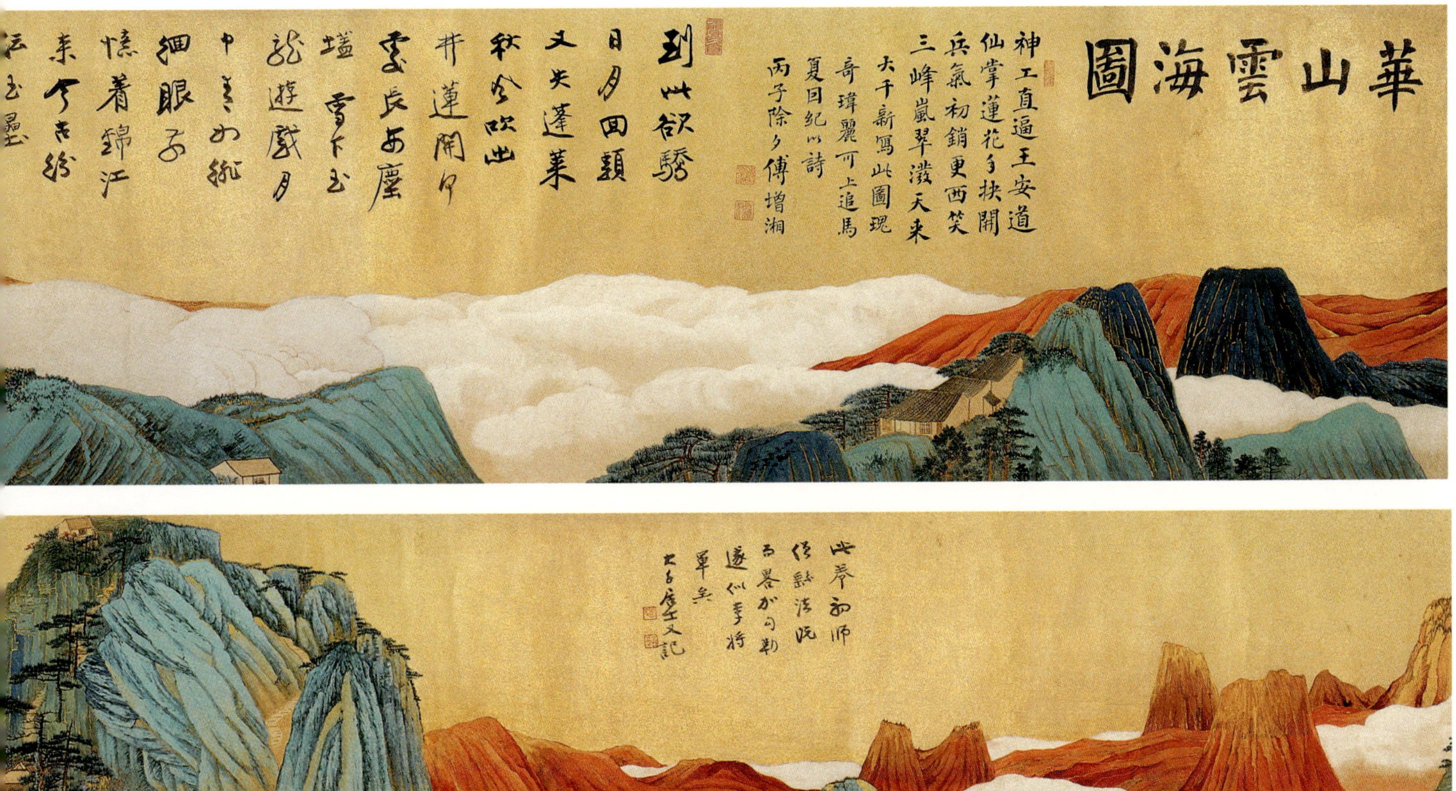
華山雲海圖
神工直逼王安道
仙掌蓮花多扶闢
兵氣初銷更西笑
三峰嵐翠潑天來
大千新寫此圖瑰
奇瑋麗可上追馬
夏因紀以詩
丙子除夕傅增湘

1950.8.24

经政务院（编者按：今国务院）文化教育委员会批准，荣宝斋改为公私合营机构，专门经营美术作品的出版与经销事业。

关于将北京荣宝斋改为公私合营的报告

出版总署·1950年8月16日·(50)出秘字第257号

(1950年8月24日经政务院文化教育委员会批准)

查北京荣宝斋南纸店,创设已五十余年,出版木版印刷美术作品及经营笔、墨、印泥等制造贩卖事业,行销中外,信誉颇著。自北京解放后,营业清淡,该店经理王仁山曾数度来署,请求经济上予以援助。我署为了扶助该店业务不致因经济困难而陷于停顿,以保存并发扬该店出版美术作品的特点而走向繁荣与专业化的道路,因此,拟由新华书店总管理处的木印科(即原石家庄的大众美术社)与该店合营,由我署投资一亿元,将北京荣宝斋改为公私合营机构,专门经营美术作品的出版与经销事业。兹附呈新华书店总管理处木印科与北京荣宝斋合营经过情形报告一份,呈请签核批准,以便双方签定合同。

附新华书店总管理处木印科与北京荣宝斋合营经过情形报告一份(略)

主送:政务院文化教育委员会

1951.4

书法篆刻家徐之谦于荣宝斋编辑室从事书法篆刻和出版。

徐之谦 1903—1985
字钵厂，号益斋，又号居庸山农，昌平区马池口镇葛村人。近现代书法家、篆刻家。

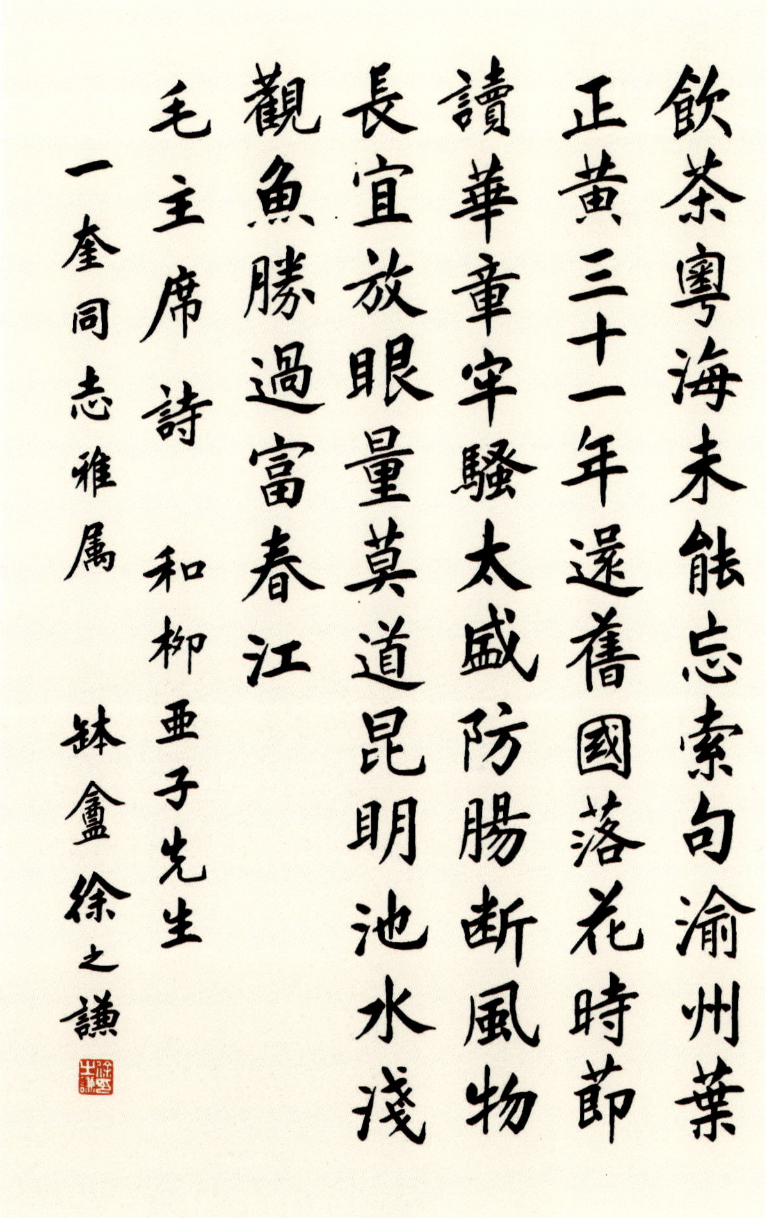

徐之谦楷书《毛主席诗 和柳亚子先生》

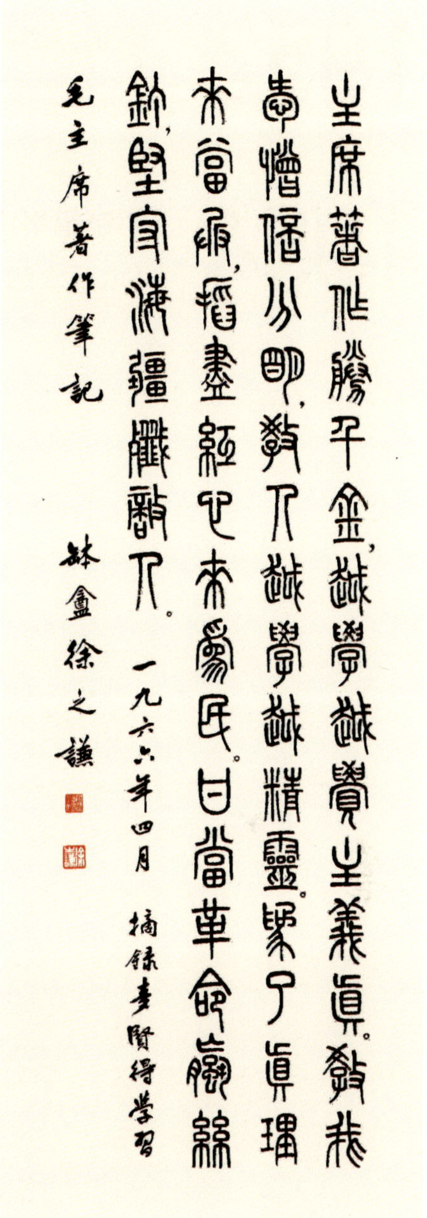

徐之谦篆书《学习毛主席著作笔记》

1952 编辑、出版《中国画汇编》《现代国画》（木版水印）。

1954 印制绢本山水《月夜楼阁》（木版水印）。

清　王云
月夜楼阁（木版水印）

木版水印在莱比锡国际图书博览会上
所获金质奖章、证书

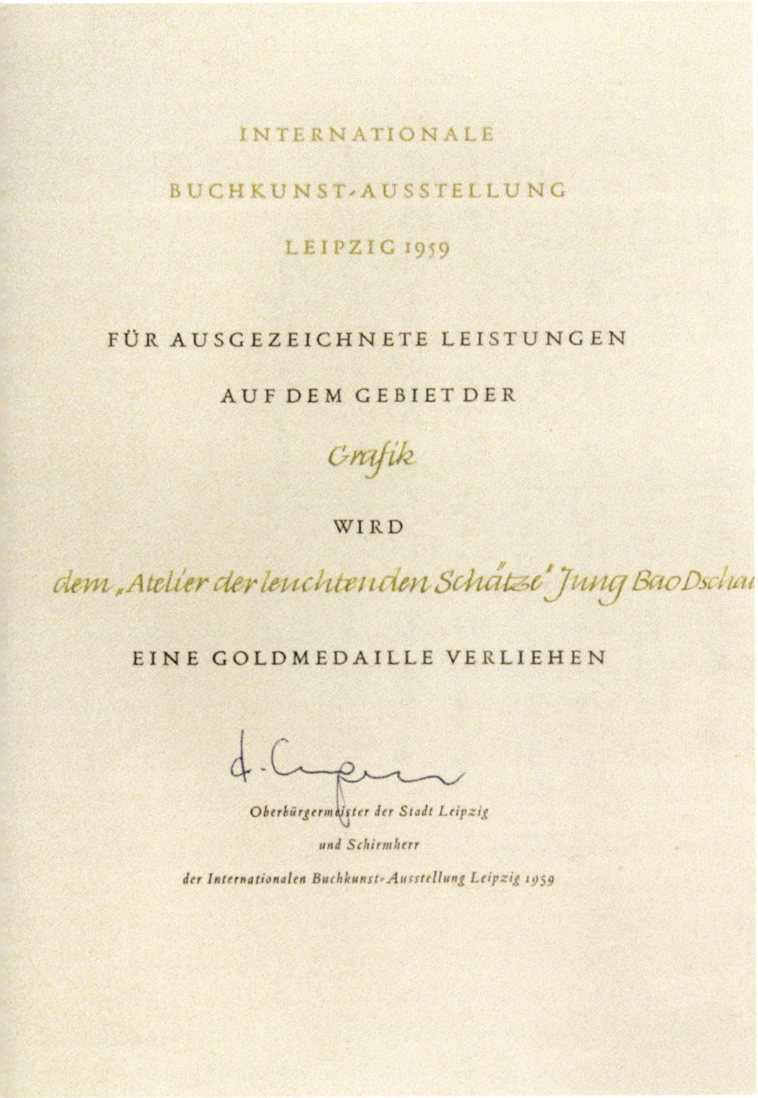

INTERNATIONALE
BUCHKUNST-AUSSTELLUNG
LEIPZIG 1959

FÜR AUSGEZEICHNETE LEISTUNGEN
AUF DEM GEBIET DER
Grafik
WIRD
dem „Atelier der leuchtenden Schätze" Jung Bao Dschai
EINE GOLDMEDAILLE VERLIEHEN

Oberbürgermeister der Stadt Leipzig
und Schirmherr
der Internationalen Buchkunst-Ausstellung Leipzig 1959

1959

荣宝斋木版水印艺术展获莱比锡国际图书展览会特殊展览金质奖章。

1962

1962年，时任荣宝斋经理侯恺提出《荣宝斋画谱》出版计划；
1月，陈毅元帅为《荣宝斋画谱》题词。

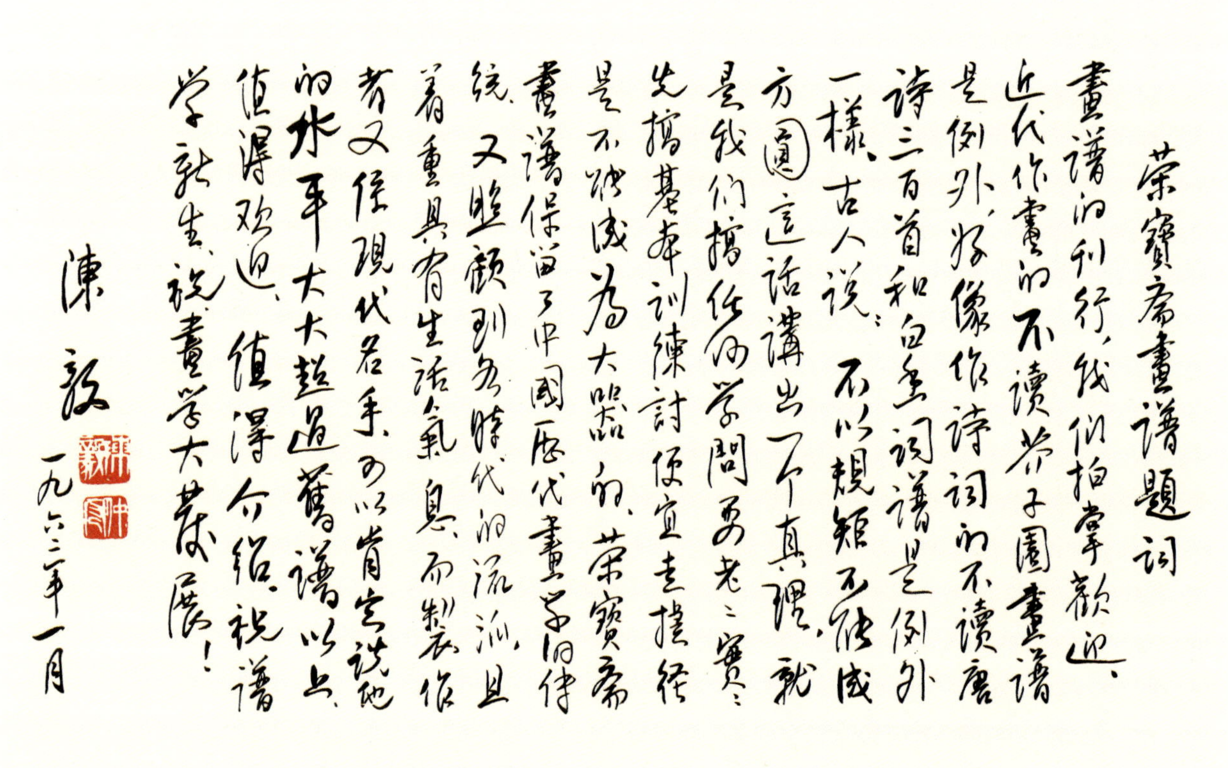
荣寳斋畫譜題詞
畫譜的刊行，我们拍掌歡迎。近代作畫的不讀芥子園畫譜是例外，好像作詩詞的不讀唐詩三百首和白香詞譜是例外一樣。古人說：不以規矩不能成方圓，這話講出了真理。就是我們搞任何學問要老老實實先搞基本訓練，便宜走捷徑是不能成為大器的。荣寳斋畫譜保留了中國歷代畫家的傳統，又照顧到各時代的流派，且着重具有生活氣息，而製作者又係現代名手，可以肯定說他的水平大大超過舊譜以上，值得歡迎，值得介紹。祝谱学新生，祝畫学大發展！
陳毅
一九六二年一月

陈毅元帅题词

侯恺 1922—2015

出生于山西省辽县（现左权县）。曾任太行《新华日报》《胜利报》发行员；太行鲁迅艺术学院美术系教务干事；晋绥抗日救国联合会文书科长；晋绥边区新民主主义教育实验学校教务干事；《晋绥日报》美术编辑；华北新华书店总店编辑部《大众报》美编；国家出版总署美术科长。一九五〇年担任荣宝斋经理，在主持荣宝斋工作的三十五年间，把党的信赖、政府的关怀、人民的厚爱、艺术工作者的支持，凝聚成一股向上的力量，扭转了荣宝斋当时的危困局面，使老字号进入了崭新的发展阶段。

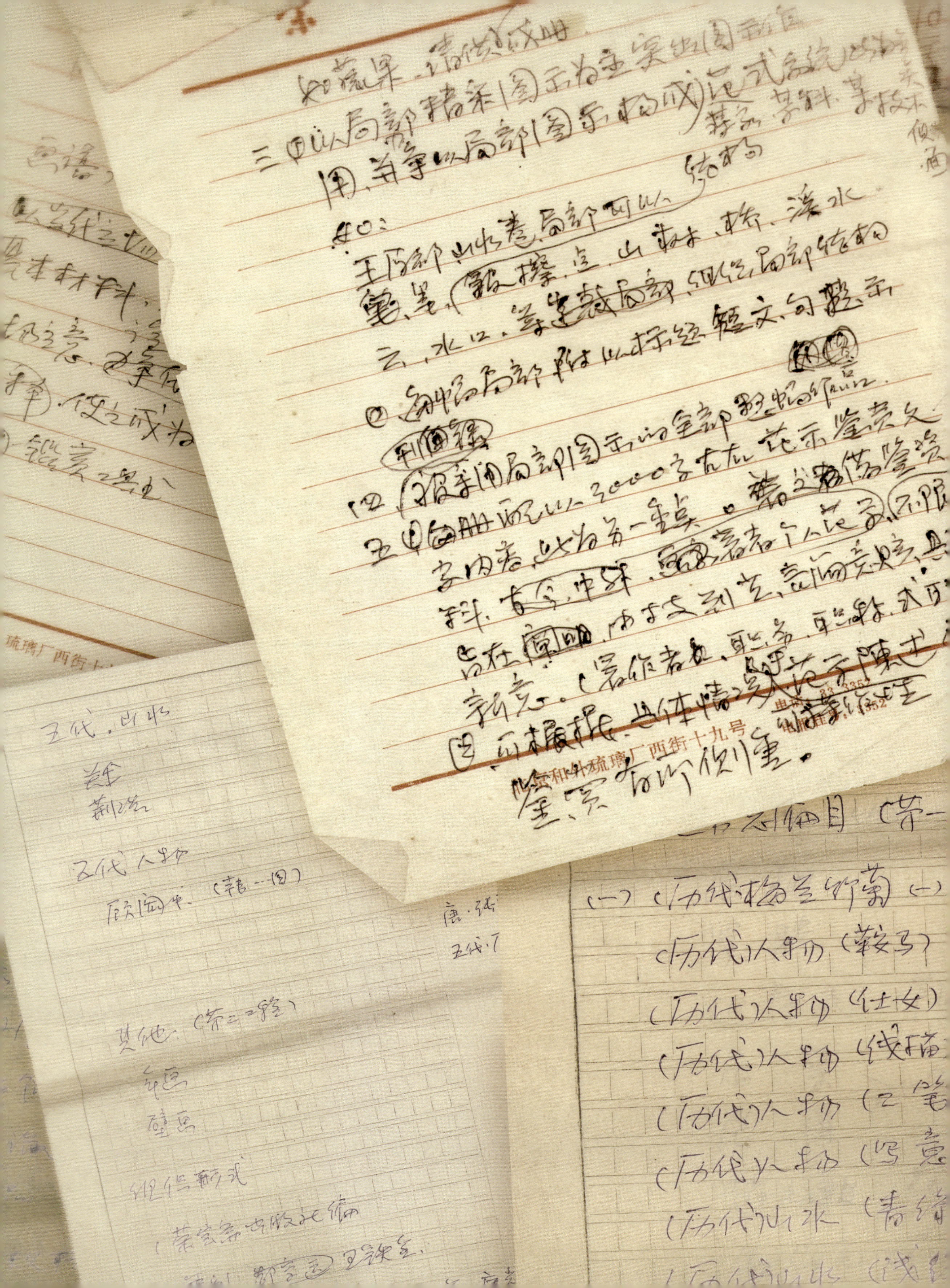
琉璃厂西街十九号

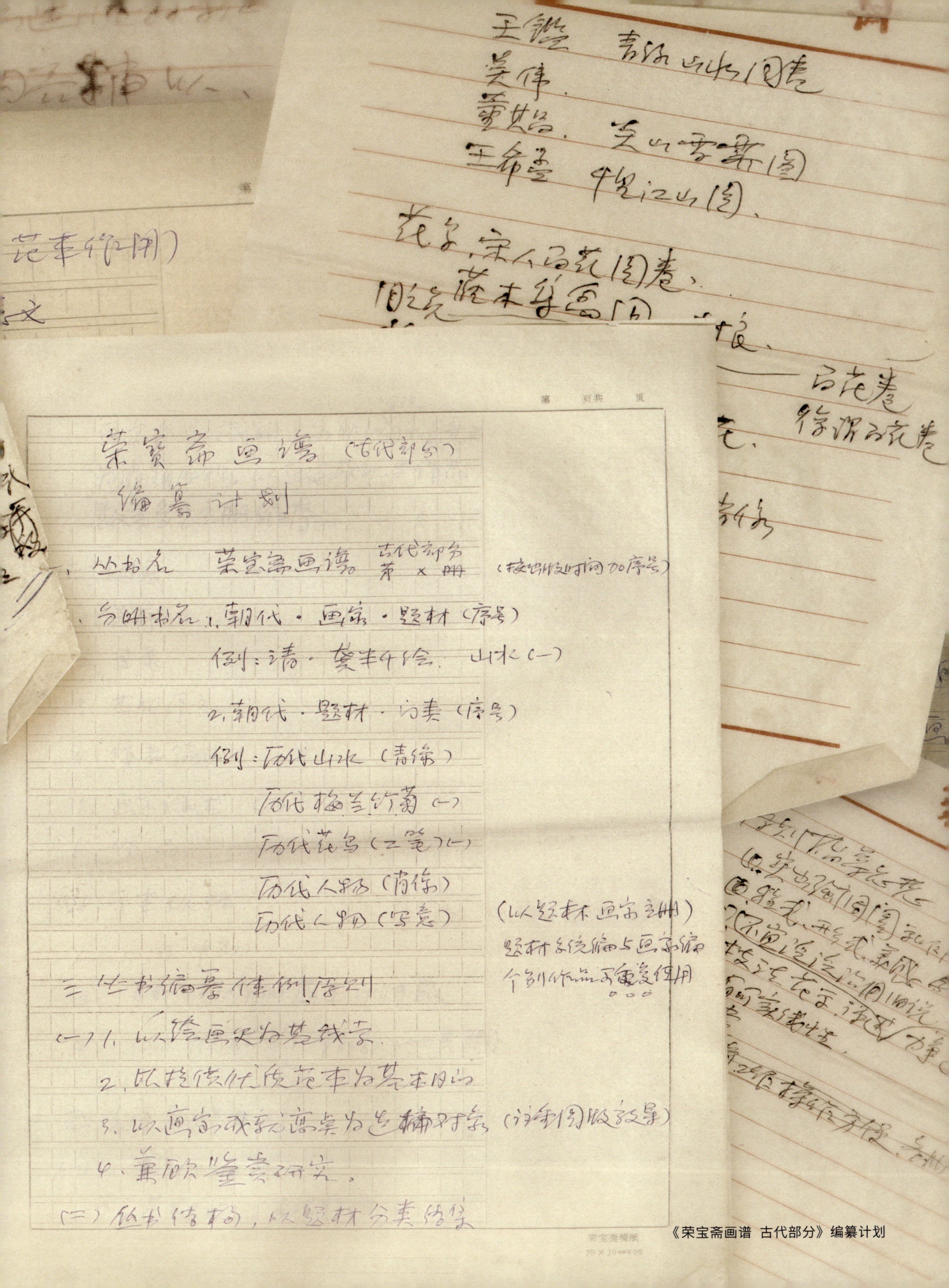

荣宝斋画谱（古代部分）
编纂计划

一、丛书名　荣宝斋画谱　古代部分 第×册（按出版时间加序号）

二、分册书名 1.朝代·画家·题材（序号）
例：清·龚半千绘 山水（一）
2.朝代·题材·分类（序号）
例：历代山水（青绿）
历代梅兰竹菊（一）
历代花鸟（工笔）（一）
历代人物（工笔）
历代人物（写意）
（以题材画家分册）
题材系统编与画家编
个别作品可重复使用

三、丛书编纂体例/原则
（一）1.以绘画史为基线索
2.以择优优质范本为基本目的
3.以画家成就高低为选择对象（注意图版数量）
4.兼顾鉴赏研究。
（二）丛书结构，以题材分类结合

《荣宝斋画谱 古代部分》编纂计划

1965

截至1965年上半年，以木版水印技艺复制完成古画144幅（包括《簪花仕女图》4段和《韩熙载夜宴图》第4段），古代画册14本；现代画105幅，现代画册28本。刻印完成《荣宝斋笺谱》《敦煌壁画选》《宋元画册》《明清花卉集锦册》《齐白石画册》《百花齐放》等。

《清明上河图》（局部，木版水印）

《清明上河图》是我国古代绘画中极其珍贵的代表作品，在世界艺术长廊中也是不可多得的文化遗产。原作创作于北宋晚期，是一幅表现北宋都城汴梁（今河南开封）和汴河两岸清明节风俗世情的长卷。荣宝斋自1987年开始，至1994年用了将近8年的时间以木版水印技艺完成了这件作品的复制，刻版2500余套，生动地再现了原作中所描绘的繁华街市，巍峨的城门楼，精致的拱桥以及街上车水马龙、百业兴隆、一派繁荣昌盛的景象。（资料来源于《木版水印书画选编》）

《韩熙载夜宴图》（木版水印）

《簪花仕女图》（木版水印）

《韩熙载夜宴图》（局部，木版水印）

《韩熙载夜宴图》印制成功全体人员合影

《韩熙载夜宴图》是我国古代工笔人物画中的经典之作，它描绘了五代南唐大臣韩熙载放纵不羁的夜生活。全画共分为“听乐、观舞、歇息、清吹、散宴”五部分，是五代南唐画家顾闳中唯一传世之作。荣宝斋复制此画，从1959 年开始筹划，到1979 年完成，历时长达20年之久，勾描、刻版共1667 套，使用与原件完全相同的材料和珍贵颜色，印制成品35件，被故宫博物院定为“次真品”。此手卷的印成，标志着中国传统技艺——木版水印的新发展，开辟了使世人看到中国古典绘画的新途径。（资料来源于《木版水印书画选编》）

《虢国夫人游春图》（木版水印）

工笔重彩图卷《虢国夫人游春图》是唐代画家张萱所作。作品以天宝年间虢国夫人游春为主题，生动描绘了唐玄宗的宠妃杨玉环的三姐虢国夫人及其眷从挥鞭策马、盛装出游赏春的情景。全画构图疏密有致，错落自然，人与马的动势舒缓从容，洋溢着雍容、自信、乐观的盛唐风貌。此图根据宋代赵佶摹本复制。（资料来源于《木版水印书画选编》）

《李方膺墨竹册》（木版水印）

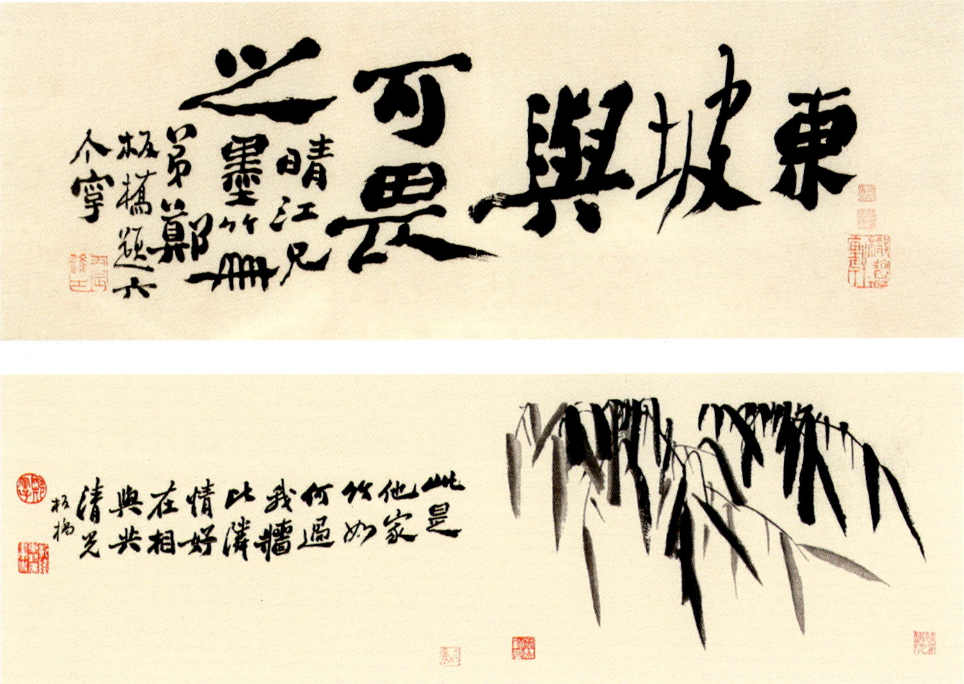

《李方膺墨竹册》内页

《白石墨妙》画册

此画册系白石老人于1946年为徐悲鸿所画。册中包括花卉虫鱼等题材的作品十二幅，笔法造型简略而生动、情趣盎然，耐人玩味，笔墨浑厚，色彩鲜艳，艺术技巧已臻炉火纯青的境地。（资料来源于《木版水印书画选编》）

齐白石《祖国万岁》（木版水印）

黄永玉《齐白石像》（木版水印）

《百花齐放画册》（木版水印）

二十世纪五十年代，郭沫若先生创作了歌颂新中国、具有时代精神的一〇一首《百花诗》，并建议荣宝斋邀请画家配画，以传统的木版水印形式印制出版。荣宝斋当时的老经理侯恺欣然采纳了郭老的建议，并热忱邀请著名花鸟画家于非闇、田世光和俞致贞三位先生精心绘制，同时调集了勾、刻、印、裱等部门的优秀技师投入制作。1962年，这部集诗、书、画和木版水印于一体、体现新中国木版水印技艺最高水平的《百花齐放》画册正式出版，即刻在我国文化领域产生巨大反响。

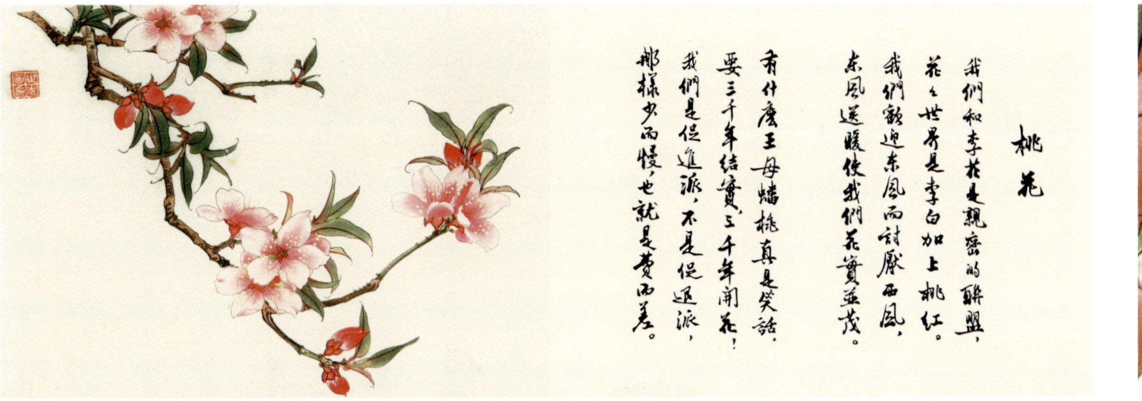

《齐白石人物画册》（木版水印）

齐白石称赞荣宝斋木版水印的题词

印刷技师在印刷《齐白石花鸟册》

二十世纪五六十年代

出版贺年卡、《百花图》挂历等。

王雪涛绘贺年卡

百花图挂历

1977

038 徐之谦书《毛主席诗词三十九首草书帖》出版，首印50万册。

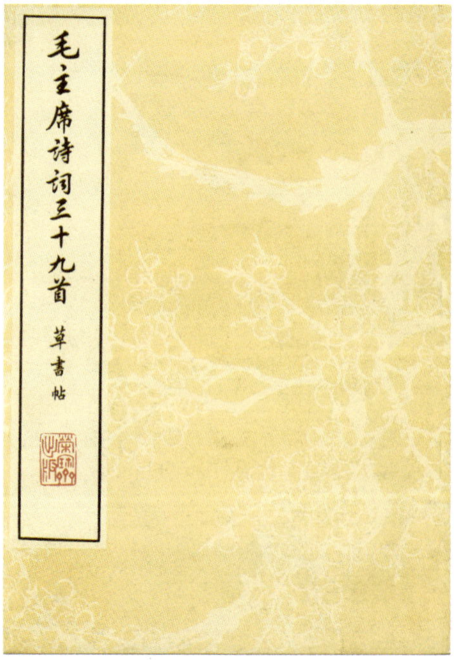

《毛主席诗词三十九首草书帖》

毛主席诗词三十九首草书帖目录

前言

草书是我国历代在实践中创造的多种书体中的一种，由于它用减缩笔划、连接字形、并借偏旁等方法，突破了汉字的繁琐笔划和方块体势，书写起来比其它书体简便、流利，从而进一步提高了汉字的书写效率。

为了广大工农兵群众更好地学习伟大领袖和导师毛泽东主席的诗词，并作为熟悉和练习草书的参考，我们将毛主席诗词书写成草书帖出版。

这本字帖采用草书、楷书和简化字三体对照的形式书写。至于简化字的草书写法，我们还需要依据繁体字的草书规律在实践中去摸索创造。

书写中如有错误之处，希望给予批评指正。

荣宝斋

一九七七年八月

1978

《鲁迅小说插图集》出版，周建人题写书名，范曾绘图，刘炳森书写原文，康默如篆刻，首印20万册。

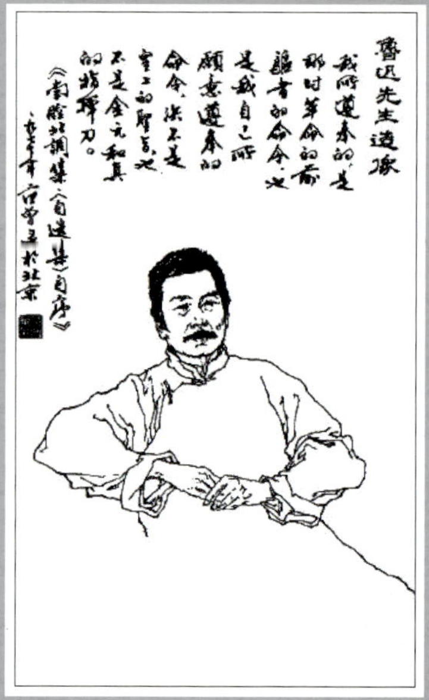

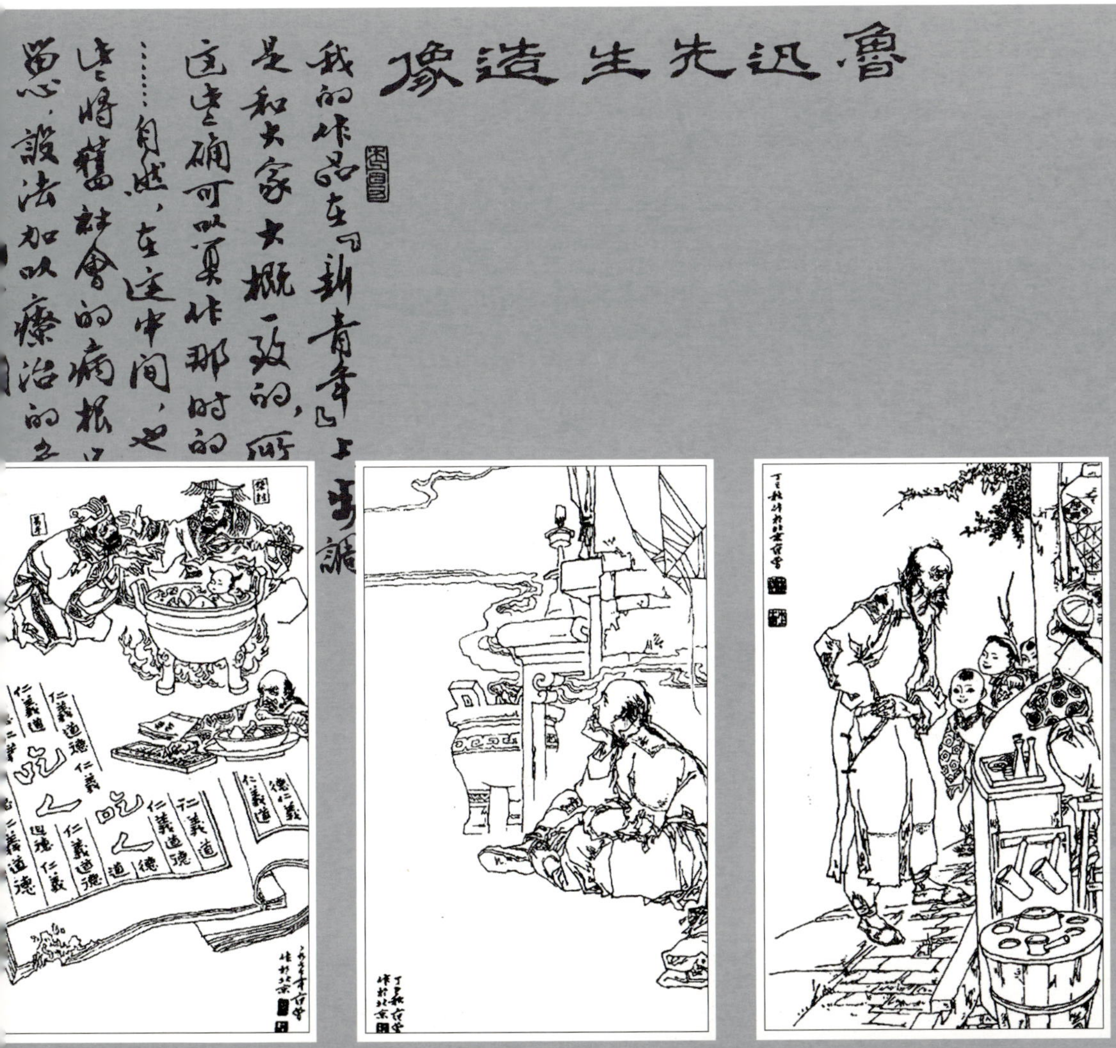
魯迅先生造像
我的作品在『新青年』上
是和大家大概一致的，所
这些确可以算作那时的
……自然，在这中间，也
是将旧社会的病根
意，设法加以疗治的

《鲁迅小说插图集》内页

1979

荣宝斋成立编辑出版部（荣宝斋出版社前身），孙树梅任主任。

《荣宝斋画谱》系列丛书第一册《王雪涛绘写意花鸟草虫》出版，首印3万册。

《白石老人写意画册》获全国书籍装帧艺术展览印刷装订奖。

孙树梅 《秋韵》

孙树梅 1928生

河北省容城县人。自幼喜爱绘画，后师从王雪涛先生学习小写意花鸟，并自习山水。获美术副编审职称，中国美术家协会会员。曾历任荣宝斋编辑室主任，负责木版水印全面工作；荣宝斋编辑出版部（荣宝斋出版社前身）主任；荣宝斋经理助理。享受国务院颁发的『政府特殊津贴』。

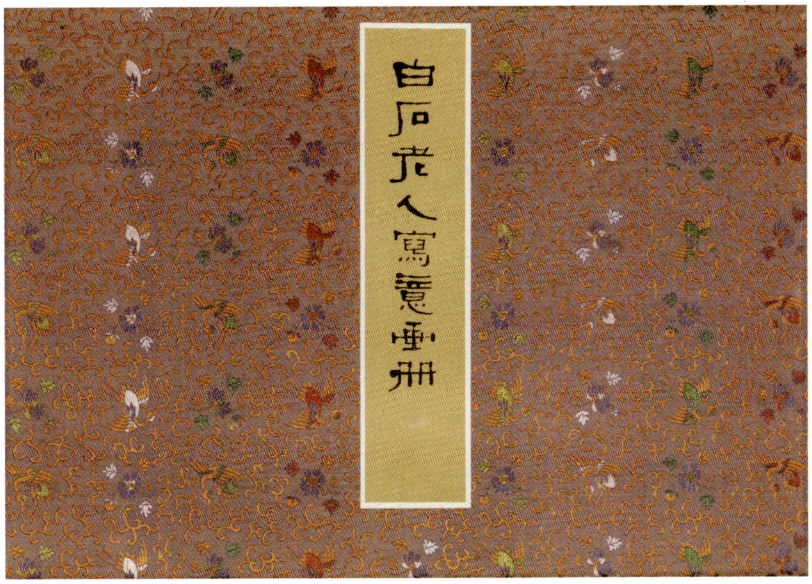

《白石老人写意画册》

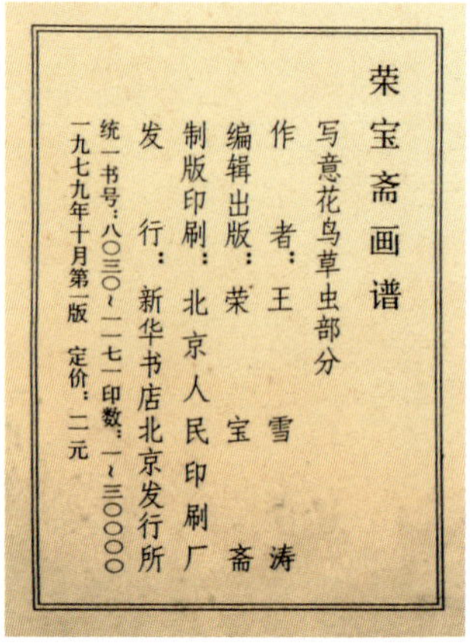
荣宝斋画谱

写意花鸟草虫部分

作　者：王　雪　涛

编辑出版：荣　宝　斋

制版印刷：北京人民印刷厂

发　行：新华书店北京发行所

统一书号：八○三○·一一七　印数：一~三○○○○

一九七九年十月第一版　定价：二元

《荣宝斋画谱　王雪涛绘写意花鸟草虫部分》

王雪涛作品（选自《荣宝斋画谱》）

王雪涛 1903—1982

原名庭钧，字晓封，号迟园。自幼喜绘画，一九一八年入保定直隶高等师范附设手工图画科，毕业后到小学执教。一九二二年考入北平艺术专科学校西画系，后转读国画系，受教于陈师曾、萧谦中、汤定之、王梦白等诸位前辈，尤受王梦白影响最大。一九二四年拜齐白石为师，奉师命改名雪涛。一九二六年毕业后留校任助教、讲师。抗日战争期间，北平沦陷，辞去教职，专事绘画创作，卖画为生。同时，潜心师传统，上追徐渭、陈淳，又得名师指点，画艺大进。一九五四年任中国画研究会常务理事，被聘为中央美术学院民族美术研究所副研究员。一九五五年参加筹备北京中国画院工作，一九五七年任该院画师、院务委员会委员，一九七八年任北京画院院长。中国美术家协会理事，美协北京分会副主席，北京市第七届人大代表，北京市第五届政协常委，中国农工民主党中央联络委员会委员及北京市委委员。

1982.5

《分类画范——自习画谱大全》出版。

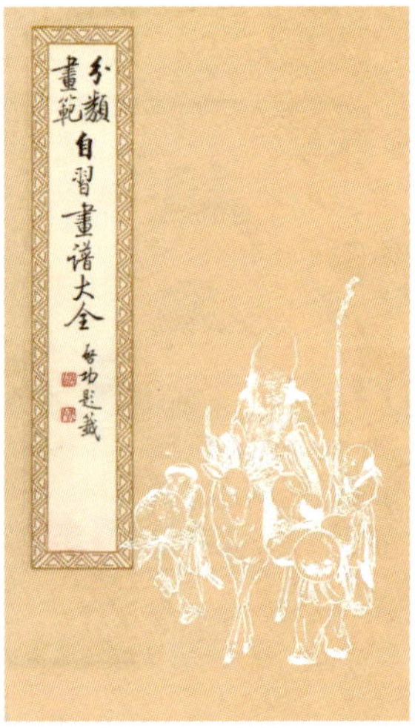

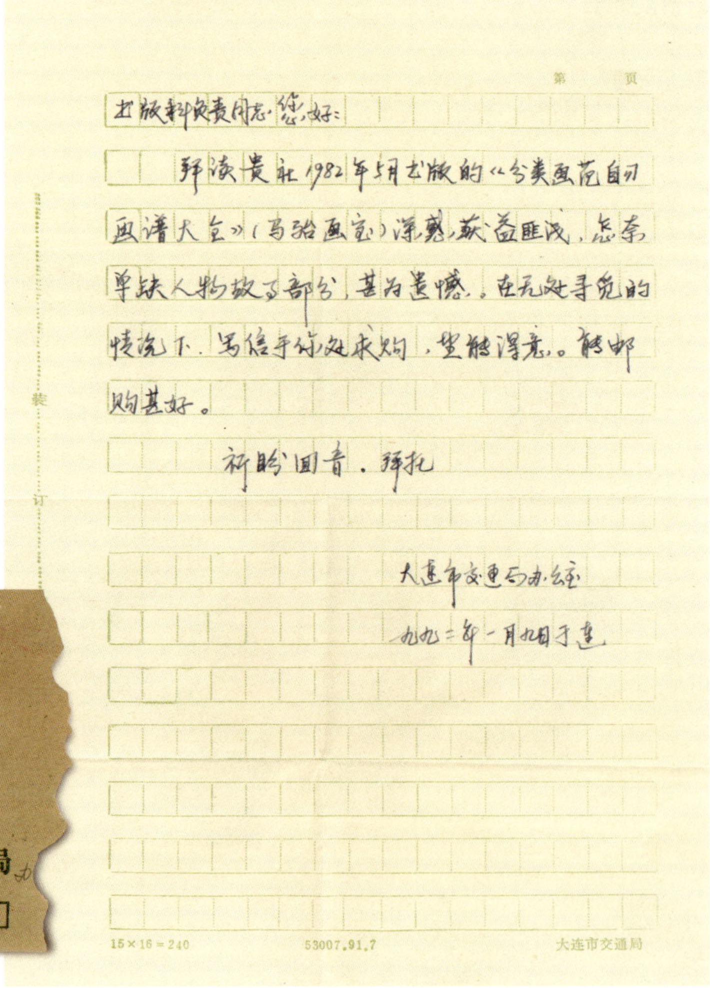

第　页

出版科负责同志：您好：

拜读贵社1982年5月出版的《分类画范自习画谱大全》（马骀画宝）深感获益匪浅，总奈单缺人物故事部分，甚为遗憾。在无处寻觅的情况下，写信寻访及求购，望能满意。能邮购甚好。

祈盼回音，拜托

大连市交通局办公室

一九九二年一月九日于连

15×16＝240　53007.91.7　大连市交通局

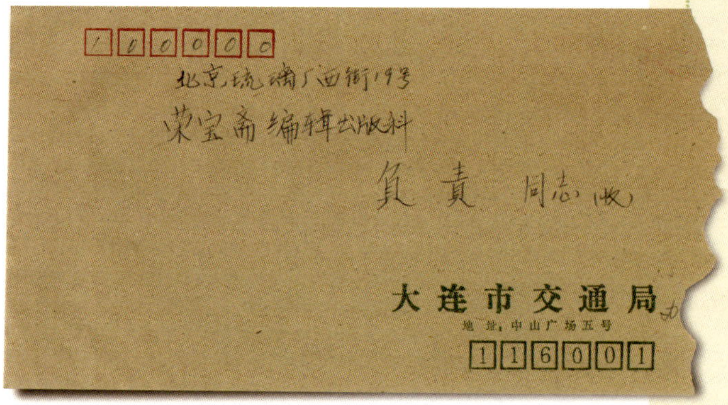

100050

北京琉璃厂西街19号

荣宝斋编辑出版科

负责同志（收）

大连市交通局

地址：中山广场五号

116001

读者来信

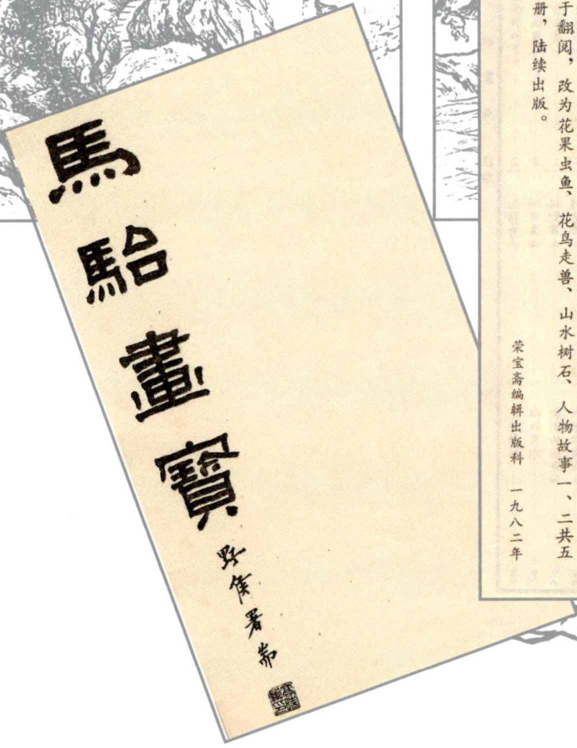

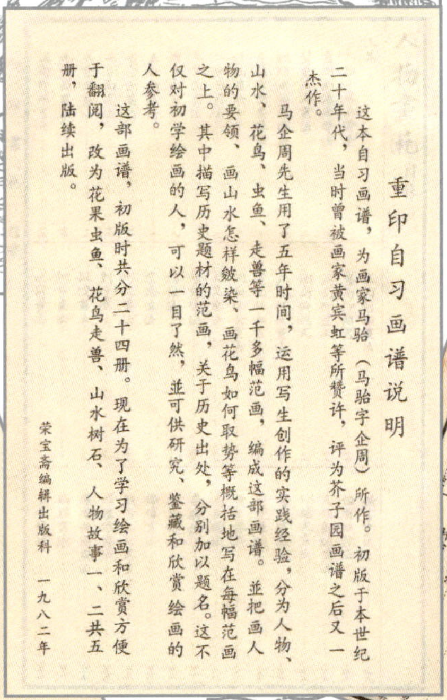

重印自习画谱说明

这本自习画谱，为画家马骀（马骀字企周）所作。初版于本世纪二十年代，当时曾被画家黄宾虹等所赞许，评为芥子园画谱之后又一杰作。

马企周先生用了五年时间，运用写生创作的实践经验，分为人物、山水、花鸟、虫鱼、走兽等一千多幅范画，编成这部画谱。並把画人物的要领、画山水怎样皴染、画花鸟如何取势等概括地写在每幅范画之上。其中描写历史题材的范画，关于历史出处，分别加以题名。这不仅对初学绘画的人，可以一目了然，並可供研究、鉴藏和欣赏绘画的人参考。

这部画谱，初版时共分二十四册。现在为了学习绘画和欣赏方便于翻阅，改为花果虫鱼、花鸟走兽、山水树石、人物故事一、二共五册，陆续出版。

荣宝斋编辑出版科　一九八二年

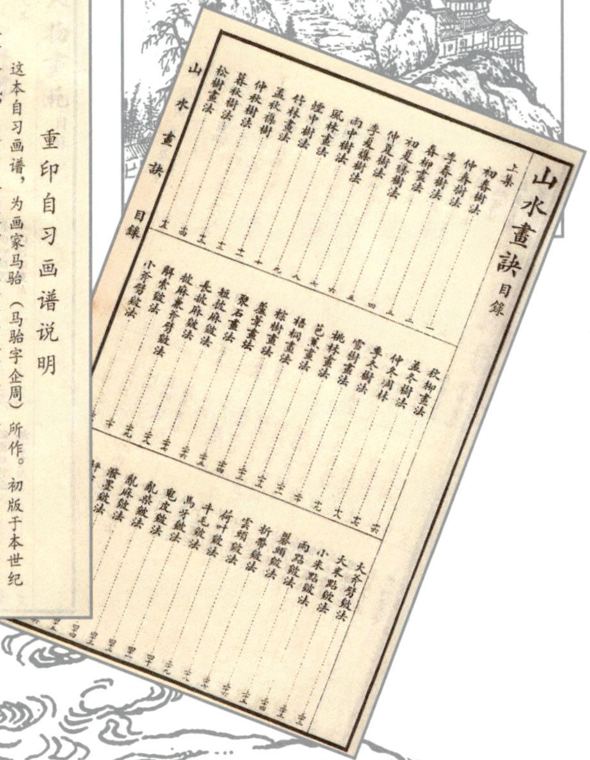

《分类画范——自习画谱大全》

1986—1988

第一本刊物《金石书画》以丛书形式出版。

1989

《八大山人画集》(木版水印)获莱比锡图书博览会金质奖章。

1990

《八大山人涉事册》(木版水印)获中国优秀美术图书奖银奖(1980年—1990年)。
《卢坤峰水墨花鸟册》获首都精装书籍装帧全优奖一等奖。

《八大山人涉事册》之一（木版水印）

雷振芳撰《序言》

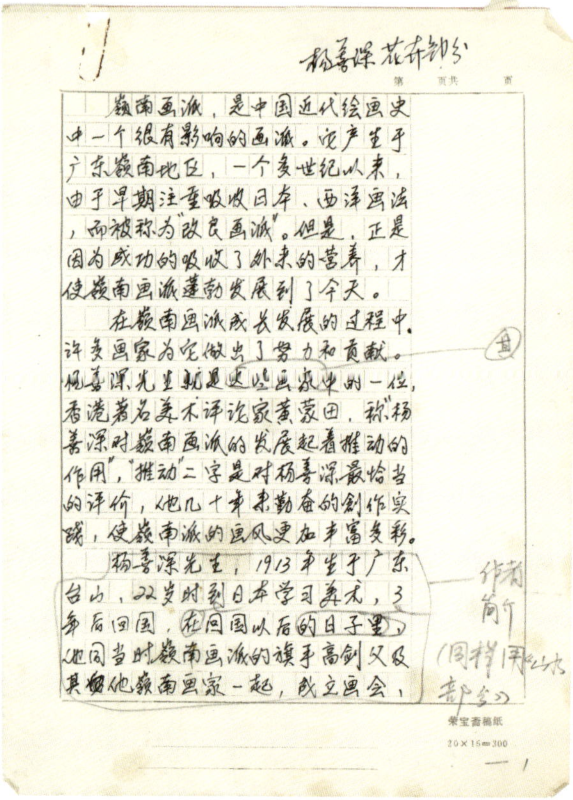
杨善深花卉部分

第 页共 页

岭南画派，是中国近代绘画史中一个很有影响的画派。它产生于广东岭南地区，一个多世纪以来，由于早期注重吸收日本、西洋画法，而被称为"改良画派"。但是，正是因为成功的吸收了外来的营养，才使岭南画派蓬勃发展到了今天。

在岭南画派成长发展的过程中，许多画家为它做出了努力和贡献。杨善深先生就是这些画家中的一位，香港著名美术评论家黄蒙田，称"杨善深对岭南画派的发展起着推动的作用"，"推动"二字是对杨善深最恰当的评价，他几十年来勤奋的创作实践，使岭南派的画风更加丰富多彩。

杨善深先生，1913年生于广东台山，22岁时到日本学习美术，3年后回国，在回国以后的日子里，他同当时岭南画派的旗手高剑父及其他岭南画家一起，成立画会，

作者简介（同样用在山水部分）

荣宝斋稿纸

20×15=300

—1

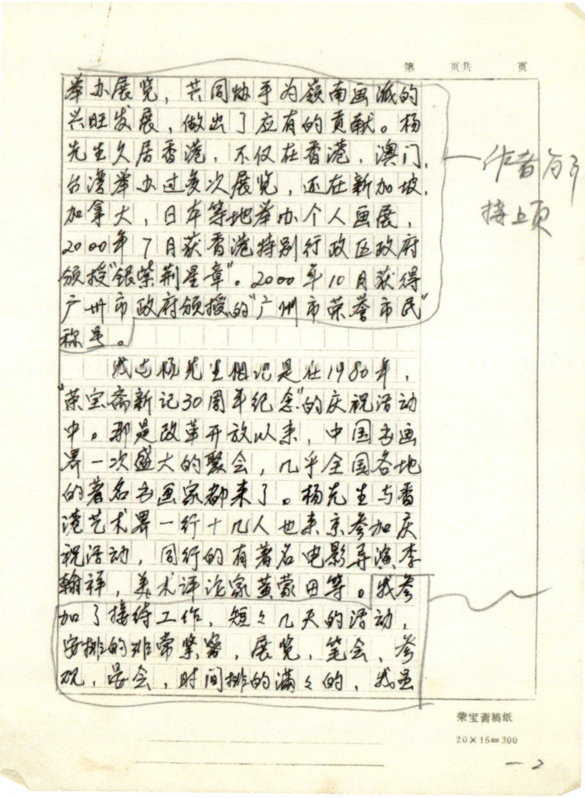
第 页共 页

举办展览，共同地手为岭南画派的兴旺发展，做出了应有的贡献。杨先生久居香港，不仅在香港、澳门、台湾举办过多次展览，还在新加坡、加拿大，日本等地举办个人画展，2000年7月获香港特别行政区政府颁授"银紫荆星章"。2000年10月获得广州市政府颁授的"广州市荣誉市民"称号。

我与杨先生相识是在1980年，"荣宝斋新记30周年纪念"的庆祝活动中。那是改革开放以来，中国书画界一次盛大的聚会，几乎全国各地的著名书画家都来了。杨先生与香港艺术界一行十几人也来京参加庆祝活动，同行的有著名电影导演李翰祥，美术评论家黄蒙田等。我参加了接待工作，短短几天的活动，安排的非常紧密，展览，笔会，参观，晏会，时间排的满满的，我虽

作者简介 接上页

荣宝斋稿纸

20×15=300

—2

杨善深 1913—2004

广东台山人，二十岁始从事国画创作，二十一岁在广州首次举办个人画展，二十二岁留学日本东京都堂本美术学校，二十五岁回国，一九四〇年赴南洋举办个人画展，在新加坡邂逅徐悲鸿合作绘画多帧。同年作品入选在苏联举办的『中国美术展览会』，并任中国文化协进会会员。

1991

《中国书法全集》项目启动。

《中国书法全集》上迄史前和商周，下至近现代，总计100卷。立卷分两大类：断代卷、名家卷。每卷内容有书法家评传、图版、书家书论、书家生平行踪示意图、图版考证说明与释文、参考书目等。从书收录了当代近百名专家学者奋斗数十载的原创论文、考释等三千余万字的学术精华。该丛书遴选了世界各地珍藏的中国历代书法精品三万余幅，其中大部分图版属于首次发表。经过近二十年的实践检验证明，该套大书是我国艺术史学界具有前沿性和代表性的著作，它不仅是有益于当代书法专家、研究者、爱好者、收藏者，并可以传于后世的学术典藏，也是中国当代书法学术界对几千年优秀传统书法艺术的一次空前整理、研究和出版。该丛书被新闻出版署批准为国家“九五”重点出版工程，获得“国家出版基金”支持。

该大型丛书由国际书法家协会主席刘正成主编，自1991年出版以来，不断得到国内外学术界、书法界一致好评。季羡林先生称《中国书法全集》“非常适合对青少年的传统文化教育，因为它体现了中华五千年文明史的特点与成就”。李学勤先生说：《中国书法全集》的“开创性”之一是把中国书法的“史”与美学结合得比较好。他认为：“《全集》的编辑与出版达到了如此高的水准，为我们国家和民族的争气，因而是‘争气书’！”冯其庸先生称：“一部百卷大书，而每卷能够精当如此，实为难得。”这些文化大师、专家学者的高度评价，肯定了《中国书法全集》卓越的学术价值，也将成为今后出版工作不断进取的动力。

卷次	分卷主编
. 甲骨文	刘一曼　冯　时
. 商周金文	丛文俊
. 春秋战国金文	丛文俊
. 春秋战国刻石简牍帛书	徐　畅
. 秦汉简牍帛书（一）	沃兴华
. 秦汉简牍帛书（二）	沃兴华
. 秦汉刻石（一）	何应辉
. 秦汉刻石（二）	何应辉
. 秦汉金文陶文	王　镛
0. 三国两晋南北朝碑刻摩崖（一）	孙伯翔　吴鸿清
1. 三国两晋南北朝碑刻摩崖（二）	孙伯翔　吴鸿清
2. 三国两晋南北朝摩崖刻经	赖　非
3. 三国两晋南北朝墓志	华人德
4. 三国两晋南北朝写经写本	华人德
6. 三国两晋南北朝造像题记（一）	宫大中
7. 三国两晋南北朝造像题记（二）	宫大中
8. 王羲之王献之（一）	刘　涛
9. 王羲之王献之（二）	刘　涛
0. 魏晋南朝名家	庄希祖
1. 欧阳询虞世南	朱关田
2. 褚遂良	朱关田
3. 李邕	朱关田
4. 孙过庭张旭怀素	刘正成
5. 颜真卿（一）	朱关田
6. 颜真卿（二）	朱关田
7. 柳公权	吴鸿清
0. 隋唐五代墓志	宫大中
2. 蔡襄	曹宝麟
3. 苏轼（一）	刘正成
4. 苏轼（二）	刘正成
5. 黄庭坚（一）	水赉佑
6. 黄庭坚（二）	水赉佑
7. 米芾（一）	曹宝麟
8. 米芾（二）	曹宝麟
9. 蔡京薛绍彭吴说赵佶	曹宝麟
0. 赵构陆游朱熹范成大张即之	任　平　方爱龙
1 北宋名家	曹宝麟
3. 赵孟頫（一）	黄　惇
4. 赵孟頫（二）	黄　惇
5. 鲜于枢张雨	楚　默
6. 康里巎巎杨维桢倪瓒	楚　默
7. 元代名家	楚　默
9. 祝允明	葛鸿桢
0. 文徵明	葛鸿桢
1. 陈淳王宠	朱爱娣　薛龙春
2. 唐寅王阳明莫是龙邢侗陈继儒	楚　默
3. 徐渭	刘正成　沈　伟
4. 董其昌	黄　惇
5. 张瑞图	刘　恒
6. 黄道周	刘正成
7. 倪元璐	刘　恒
8. 明代名家（一）	楚　默
9. 明代名家（二）	楚　默
0. 明代名家（三）	楚　默
1. 王铎（一）	刘正成
2. 王铎（二）	刘正成
3. 傅山	林　鹏
4. 朱耷石涛龚贤龚晴皋	郭子绪
5. 金农郑燮	周积寅　黄　惇
6. 刘墉	马世晓　张其凤
7. 邓石如	穆孝天
0. 何绍基	梅墨生
1. 赵之谦	邹　涛
2. 杨沂孙翁同龢吴大澂王懿荣	盛诗澜
3. 杨岘张裕钊徐三庚杨守敬	陈传席
4. 清代名家（一）	刘正成　刘智先
5. 清代名家（二）	刘正成　刘智先
6. 清代名家（三）	叶鹏飞
7. 吴昌硕	刘　江
8. 康有为梁启超罗振玉郑孝胥	王　澄
1. 齐白石徐悲鸿潘天寿张大千	陈传席　石　莉
2. 于右任	王　澄
3. 李叔同马一浮	潘良桢　方爱龙
4. 谢无量刘孟伉	何应辉
5. 黄宾虹林散之陶博吾	于明诠
6. 萧蜕吕凤子胡小石高二适	尉天池　徐利明
8. 沈曾植王蘧常朱复戡	李　一
2. 先秦玺印	徐　畅

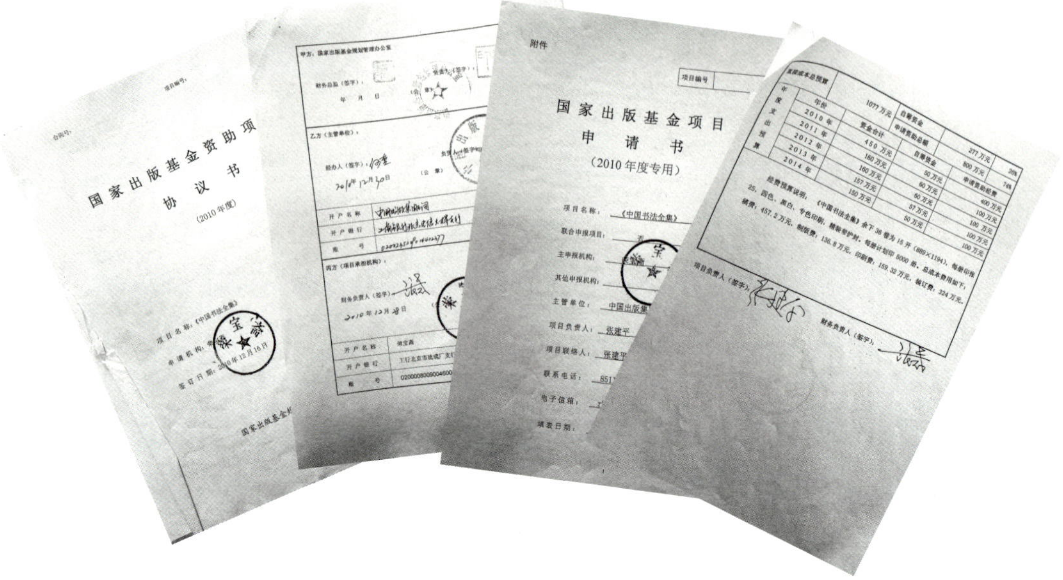

《中国书法全集》获批国家出版基金资助项目

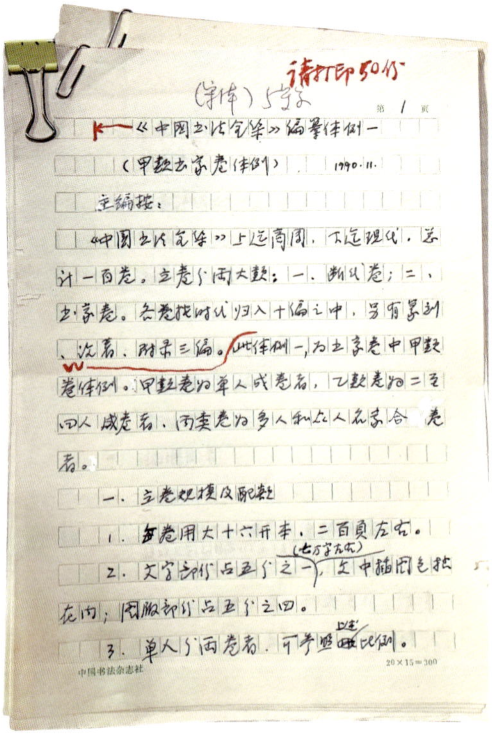

《中国书法全集》编纂体例

《中国书法全集》编纂研讨会

1995年10月，国务院古籍整理小组在荣宝斋召开《中国书法全集》学者座谈会，与会学者与《中国书法全集》编纂人员的合影

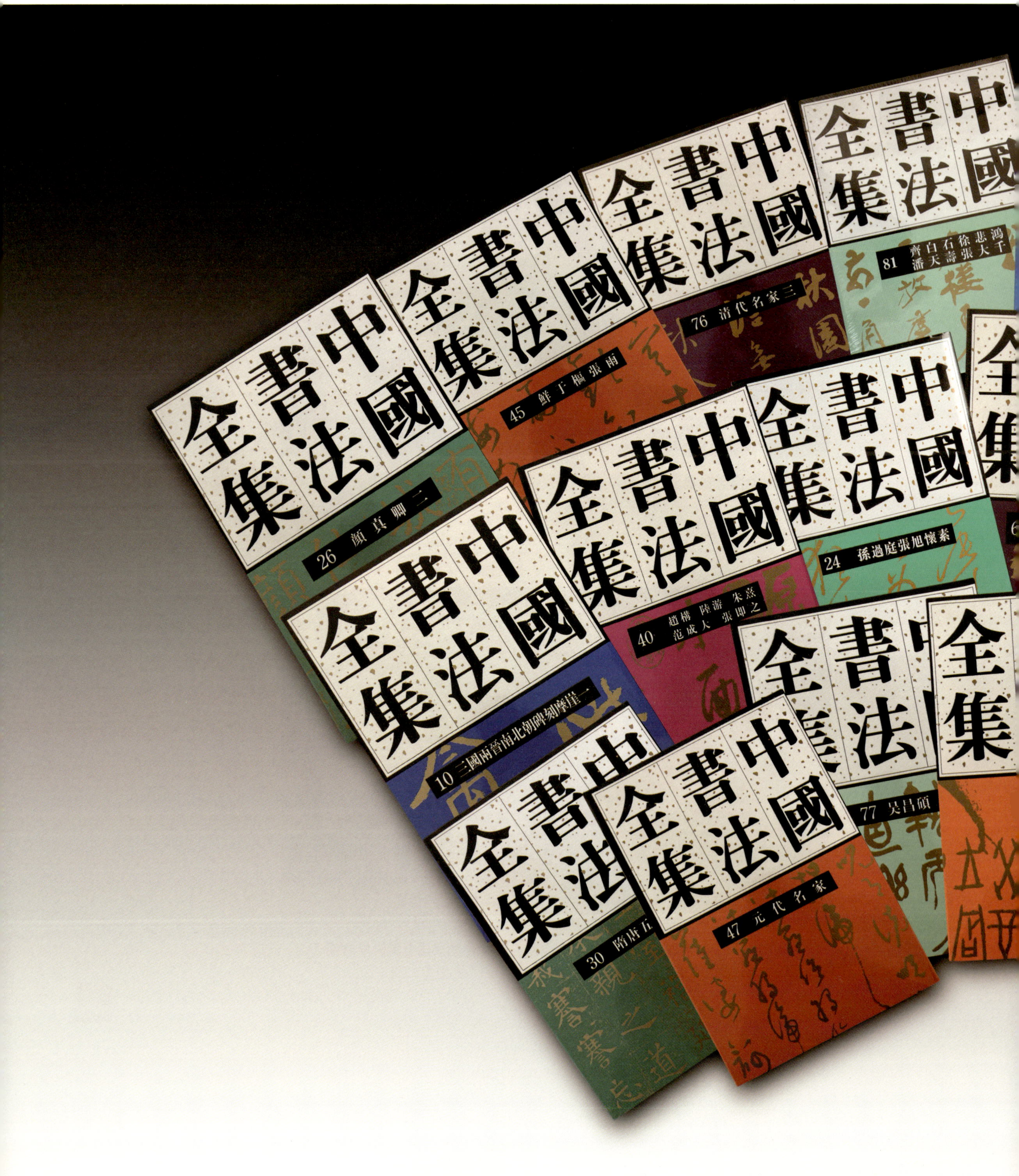
中國書法全集
26 顔真卿二
45 鮮于樞張雨
76 清代名家三
81 齊白石徐悲鴻 潘天壽張大千
24 孫過庭張旭懷素
40 趙構 陸游 朱熹 范成大 張即之
10 三國兩晉南北朝碑刻摩崖一
77 吴昌碩
47 元代名家

中國書法全集
39 蔡京蔡卞薛紹彭吳說趙佶
51 陳淳王寵
75 清代名家二
73 楊峴張裕釗徐三庚楊守敬
83 李叔同馬一浮
92 先秦璽印
74 清代名家一
58 明代名家一
9 秦漢金文陶文
晉南北朝寫經寫本
石濤
龔晴皋

1992

《齐白石印影》获新闻出版署直属出版社优秀图书奖、优秀编辑二等奖、优秀设计二等奖。

《齐白石印影》书影

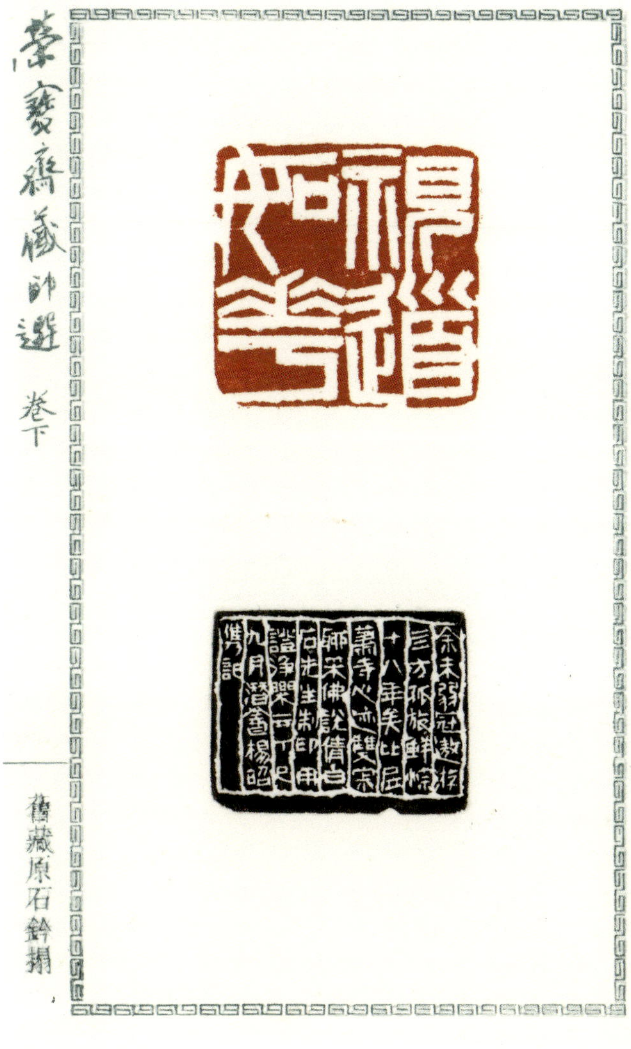

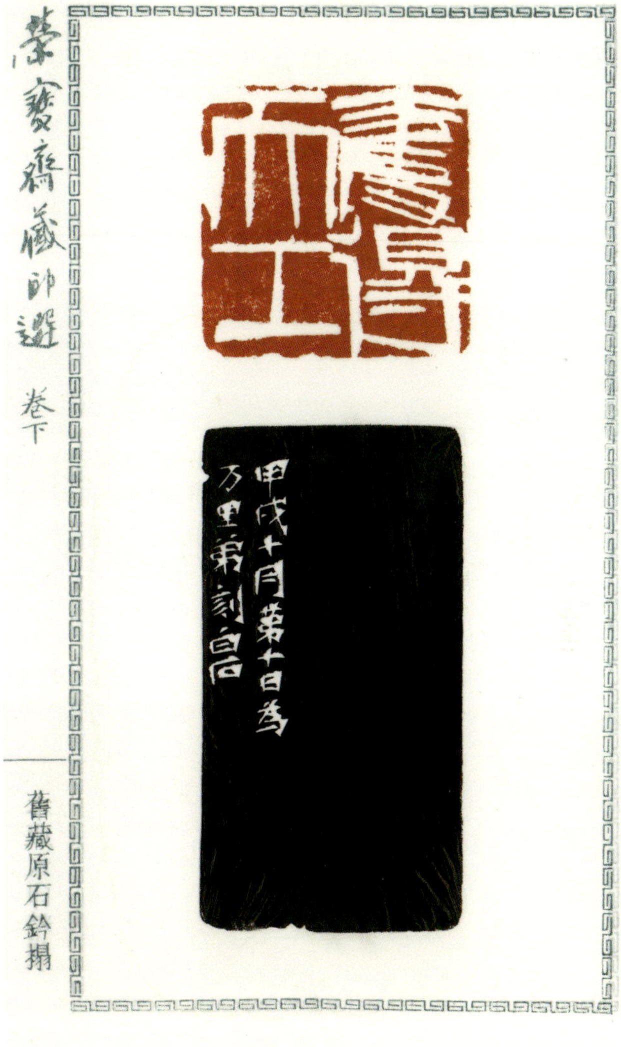

选自《荣宝斋藏印选》

1993.4.28

新闻出版署下发《关于同意使用荣宝斋出版社名称的批复》，同意荣宝斋出版部使用荣宝斋出版社名称，荣宝斋出版社正式挂牌成立。

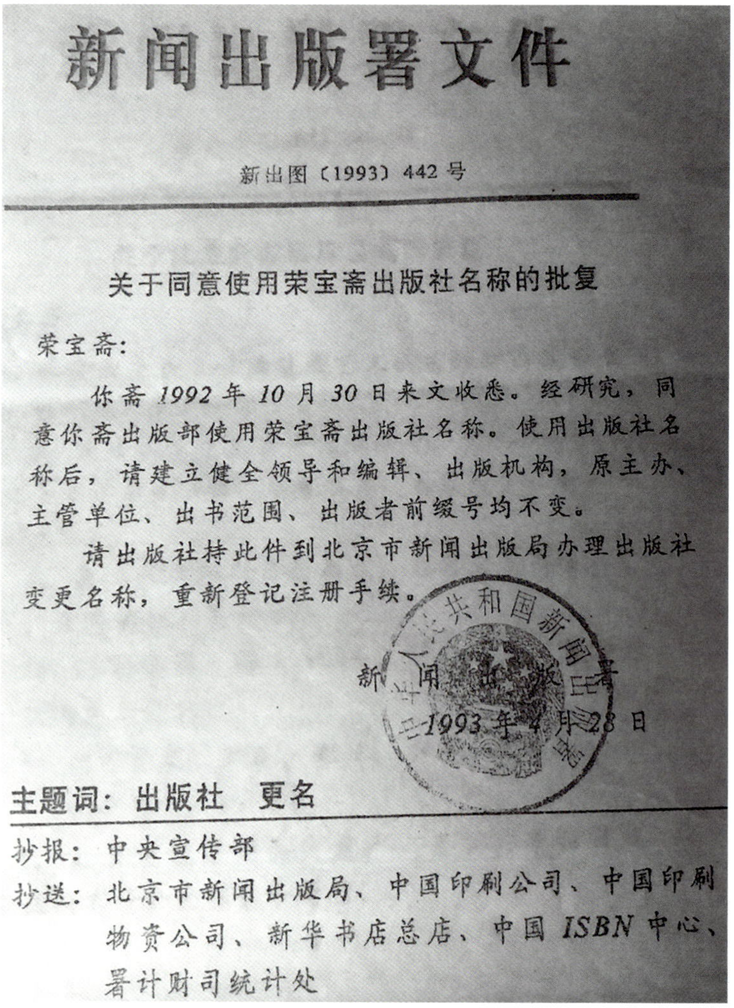

新闻出版署文件

新出图〔1993〕442号

关于同意使用荣宝斋出版社名称的批复

荣宝斋：

你斋1992年10月30日来文收悉。经研究，同意你斋出版部使用荣宝斋出版社名称。使用出版社名称后，请建立健全领导和编辑、出版机构，原主办、主管单位、出书范围、出版者前缀号均不变。

请出版社持此件到北京市新闻出版局办理出版社变更名称，重新登记注册手续。

新闻出版署

1993年4月28日

主题词：出版社　更名

抄报：中央宣传部

抄送：北京市新闻出版局、中国印刷公司、中国印刷物资公司、新华书店总店、中国ISBN中心、署计财司统计处

新闻出版署文件

郜宗远任社长兼总编辑

郜宗远 1942年生

辽宁沈阳人，祖籍河北昌黎。曾为中国美术家协会第五届理事、第六届理事、主席团成员。现为中国编辑学会副会长、中国编辑学会美术编辑委员会主任、荣宝斋顾问、荣宝斋画院顾问、民革中央画院艺委会委员、中央文史馆画院艺委会委员。

早年毕业于北京东城师范、北京教育学院美术专业。师从宋文治、孙其峰。一九七八年进入出版界。历任中国大百科全书出版社美术部主任、荣宝斋总经理、人民美术出版社社长、中国美术出版总社社长。一九九一年被评为美术编审，一九九二年开始享受国务院『政府特殊津贴』。

我有一枚印文是“荣宝斋人”的印章，我的很多画作都用了这枚印章，我以作为荣宝斋人而自豪。在我看来，荣宝斋一定会长长久久。虽然我已经80多岁了，但是我的心态却依然年轻，我也希望荣宝斋一直欣欣向荣，在这里不但可以看到文化企业的成就和气魄，更可以感受到文化产业的兴旺和发展。用单霁翔的话来说，他做过故宫看门人，那我做过荣宝斋看门人，我很高兴，很骄傲。我祝愿荣宝斋人永远顺利，祝愿荣宝斋人永远能够给中国文化添砖加瓦，我期盼荣宝斋会越来越好！

——郜宗远

（选自《荣宝斋350周年纪念文集》）

郜宗远山水

选自《荣宝斋画谱213 陆抑非绘牡丹芍药部分》

陆抑非 1908—1997

名翀，初字一飞，改字抑非，花甲后自号非翁，古稀后又号甦叟。江苏常熟人。初师李西山、陈迦庵，后游吴湖帆门下，有幸饱览历代名家精品。曾在上海美术专科学校、新华艺术专科学校任教，后任上海中国画院画师。一九五九年调入浙江美术学院，为浙江美术学院教授、西泠书画院副院长。陆抑非擅长花鸟画，所作题材广泛，生机盎然。早年多作工笔重彩，取法宋代院体及明代林良、吕纪；中年长于没骨，得力于南田、新罗及海派诸家，艳而不俗，工而不滞；晚年求变，深入青藤、白阳之堂奥，旁及八大、石涛、缶翁，又以书入画，笔墨生辣朴茂，而不失清丽典雅之韵味。其行草书从孙过庭、怀素化出，意到笔随，流走自然。有《陆抑非》（书画集）、《陆抑非教学画稿》等行世。

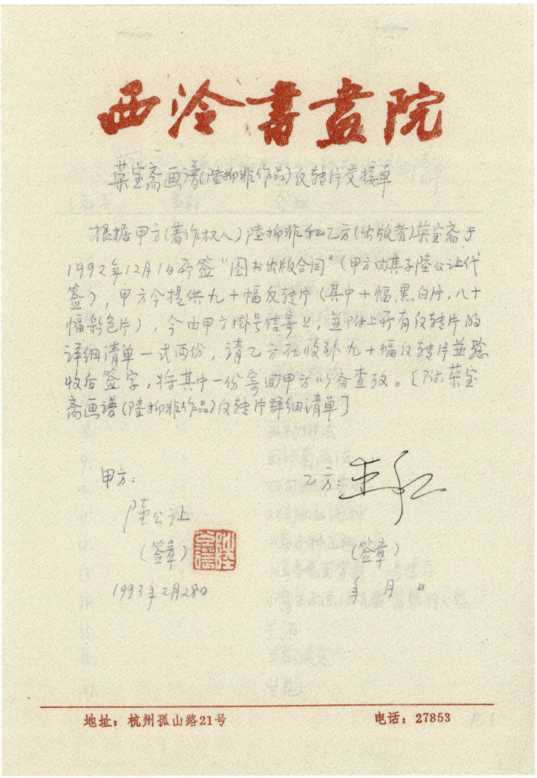

西泠書畫院

荣宝斋画谱（陆抑非作品）反转片交接单

根据甲方（著作权人）陆抑非和乙方（出版者）荣宝斋于1992年12月1日所签"图书出版合同"（甲方由其子陆公让代签），甲方今提供九十幅反转片（其中十幅黑白片，八十幅彩色片），今由甲方挂号信寄上，并附上所有反转片的详细清单一式两份，请乙方在收到九十幅反转片并点收后签字，将其中一份寄回甲方以备查考。〔附：荣宝斋画谱（陆抑非作品）反转片详细清单〕

甲方：陆公让（签章）1993年2月28日

乙方：王红（签章）年 月 日

地址：杭州孤山路21号　电话：27853

反装片交接单（1993.2.28）

《荣宝斋画谱213 陆抑非绘牡丹芍药部分》

选自《黄牧甫印影》

黟山人黄牧父先生印存六集

順德羅惇㬊題

选自《百花工笔画集》

美美与共

1994 1月，王铁全任荣宝斋出版社副总编辑兼编辑部主任。10月，《虢国夫人游春图》获第一届国家图书奖提名奖；《我读石涛画语录》获第二届新闻出版署直属出版社优秀编辑一等奖。《中国篆刻》期刊创刊，王铁全任主编，熊伯齐任执行主编。

1998 8月，荣宝斋与人民美术出版社、连环画出版社、朝花少年儿童出版社合并组建中国美术出版总社。

荣宝斋出版社搬入北总布胡同32号办公。

1999 10月，《中国篆刻》更名为《荣宝斋》，《荣宝斋》（双月刊）创刊。《孙子兵法百家书》获首届全国优秀艺术图书奖二等奖，《荣宝斋画谱 古代部分》（4册）获三等奖。

2000 11月，《古印集萃》（3卷）出版。

2002 所属中国美术出版总社进行全面改革，恢复并加强了荣宝斋出版社的自主经营与品牌建设。

张建平任荣宝斋出版社总编辑，负责本社编、印、发工作。

《十竹斋笺谱》获第二届全国优秀艺术图书三等奖。

2003 12月7日，《阳太阳绘画全集》首发式暨“阳太阳艺术研讨会”举行。《叶毓中国画重彩后集 唐风》获第一届中国出版集团公司图书奖优秀设计奖。

2004

《荣宝斋珍藏》(12卷)重点图书工程启动。

《经典名帖大家临》《我爱收藏》系列丛书开始出版。

2005

2范曾《十二生肖珍藏册》(木版水印)出版。

2007

9月，与香港国石艺术集团、香港裕华百货公司在香港共同举办"《寿山石文化丛书》首发式暨国石精品展"。

范曾《十二生肖珍藏册》(木版水印)获第三届中国出版集团公司图书奖荣誉奖,《瓷典 徐龙珍藏历代名瓷》获优秀设计奖,《我爱收藏》系列获优秀选题奖,《家有宝藏 浙江民间收藏珍品大展特集》获优秀印刷奖。

《南京博物院藏 傅抱石中国画》获第十六届"金牛杯"优秀美术图书评奖一等奖。

2009

2月，荣宝斋出版社随荣宝斋与中国美术出版总社分立，直属中国出版集团公司。

5月11日，经新闻出版总署批准，原中国美术出版总社主办《美术之友》期刊划归荣宝斋。

7月,《为了汶川 重建家园》获第四届中国出版集团公司图书奖特别奖。

10月,《潜在与显现：雕塑草稿研究》入选第二届"三个一百"原创图书出版工程。

12月,《荣宝斋》期刊获评"新中国60年有影响力的期刊"。

《手捏戏文 泥土神韵》获2008年度"北人杯"质量大奖。

《徐悲鸿课徒画稿》(上、下)获第四届中国出版集团公司图书奖优秀印制奖。《荣宝斋藏册页》获第十八届"金牛杯"优秀美术图书评奖银奖。

1994

1月，王铁全任荣宝斋出版社副总编辑兼编辑部主任。

10月，《虢国夫人游春图》（木版水印）获第一届国家图书奖提名奖；

《我读石涛画语录》获第二届新闻出版署直属出版社优秀编辑一等奖。

《中国篆刻》期刊创刊，王铁全任主编，熊伯齐任执行主编。

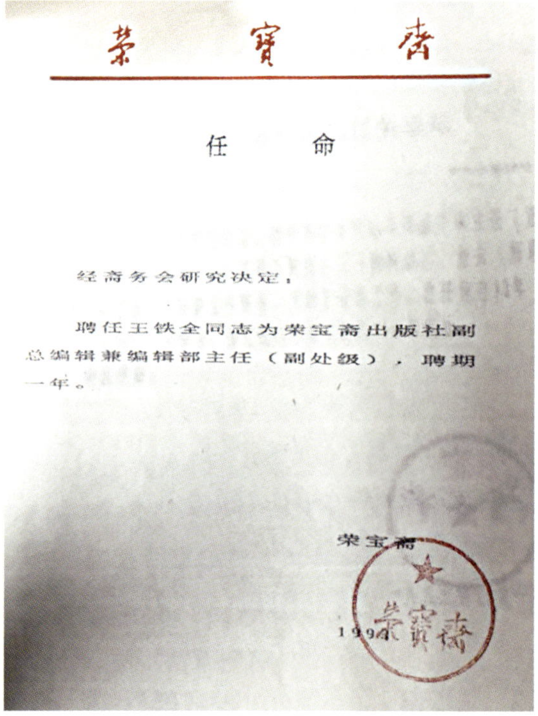

荣寶齋

任　命

经斋务会研究决定，

聘任王铁全同志为荣宝斋出版社副总编辑兼编辑部主任（副处级），聘期一年。

荣宝斋

王铁全任命文件

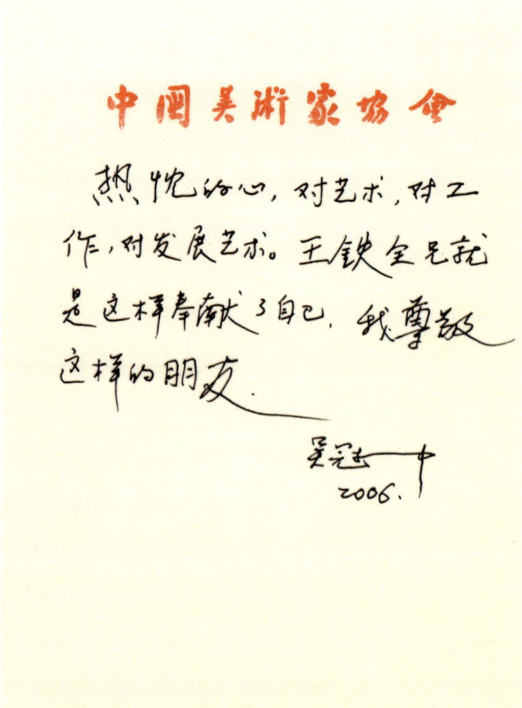

中国美术家协会

热忱的心，对艺术，对工作，对发展艺术。王铁全兄就是这样奉献了自己。我尊敬这样的朋友。

吴冠中

2006.

吴冠中对王铁全的评价

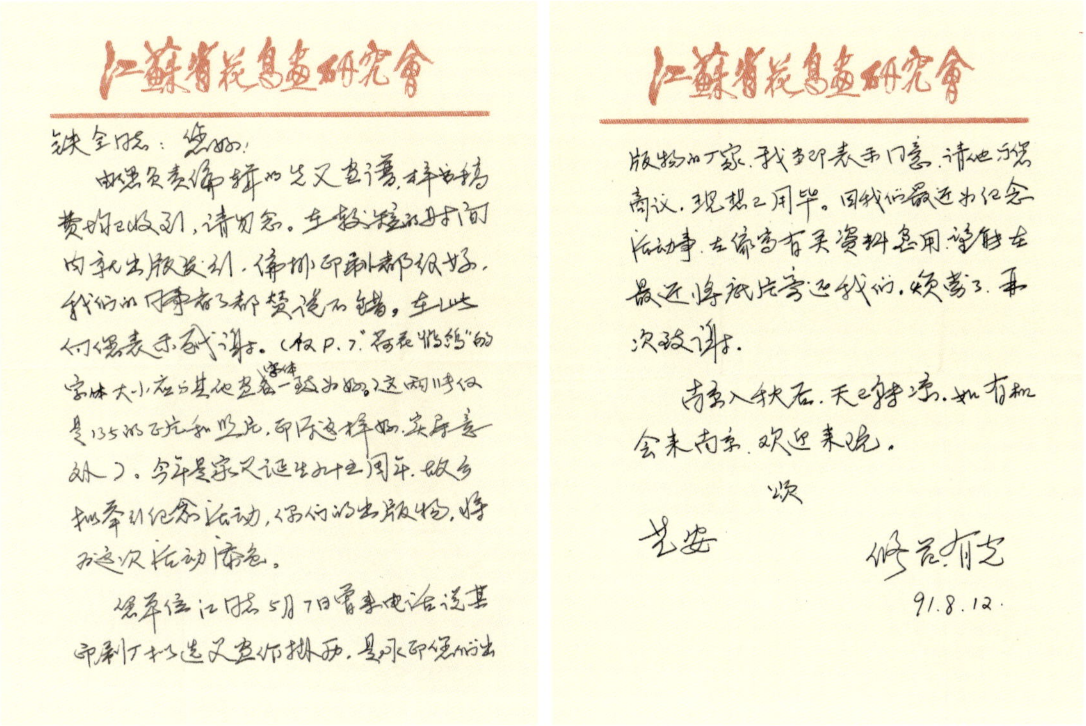

江蘇省花鳥畫研究會

铁全同志：您好！

由您负责编辑的之佛画谱，样书稿费均已收到，请勿念。在较短的时间内就出版发行，编排印刷都很好，我们的同事看了都赞说不错，在此特表示感谢。（仅P.7"荷花鹡鸰"的字体大小应与其他画名字体一致为好。）这两册仅是135的正片和照片，印得这样好，实属意外了。今年是家父诞生九十五周年，故乡拟举行纪念活动，你们的出版物，将为这次活动添色。

您单位江同志5月7日曾来电话说其印刷厂打造之画作挂历，是承印您们出版物的厂家，我当即表示同意，请他与您商议。现想已用毕。因我们最近为纪念活动事，在编写有关资料急用，请能在最近将底片寄还我们。烦劳了，再次致谢。

南京入秋后，天已转凉。如有机会来南京，欢迎来玩。

此致

艺安

修言[?]

91.8.12.

陈之佛家属致王铁全信

王铁全山水

王铁全 1953—2011

北京人，祖籍山西祁县。一九八二年毕业于内蒙古师范大学美术系中国画专业。曾任荣宝斋出版社总编辑、荣宝斋总编辑兼常务副总经理，中国美术出版总社总编辑。中国美术家协会理事，中国编辑学会理事、美术工作委员会副主任，中国书法家协会会员，炎黄艺术馆艺委会委员，文化部文化市场发展中心艺术品评估委员会委员，享受国务院颁发的政府特殊津贴，被新闻出版署列为『出版界领军人物』，曾获第四届全国百佳出版工作者称号。

《中国篆刻》期刊

熊伯齐 1944年生

又名光汉，号容生，锦里生、天府民。斋名三砚室，别署玉垒轩、聆鹃庐、杏风楼。四川井研县人。一九四四年三月生于成都，一九五五年七月定居北京。国家一级美术师，中国书法家协会第二、三、四、五届理事。现任中国艺术研究院中国篆刻艺术院研究员，中国书法家协会篆刻专业委员会副主任。中国书协书法培训中心教授，中国文联牡丹书画艺术委员会副会长，西泠印社理事，西泠印社篆刻创作研究室主任，北京印社副社长，荣宝斋艺术鉴定委员会委员。擅篆刻、书法，写意花卉及诗词。作品入展全国历届书法篆刻展及其他重大国内国际展，并多次任评委。在国内外多次举办个人展览，有数种出版物及数篇论文发表，作品为国内外多家机构收藏。

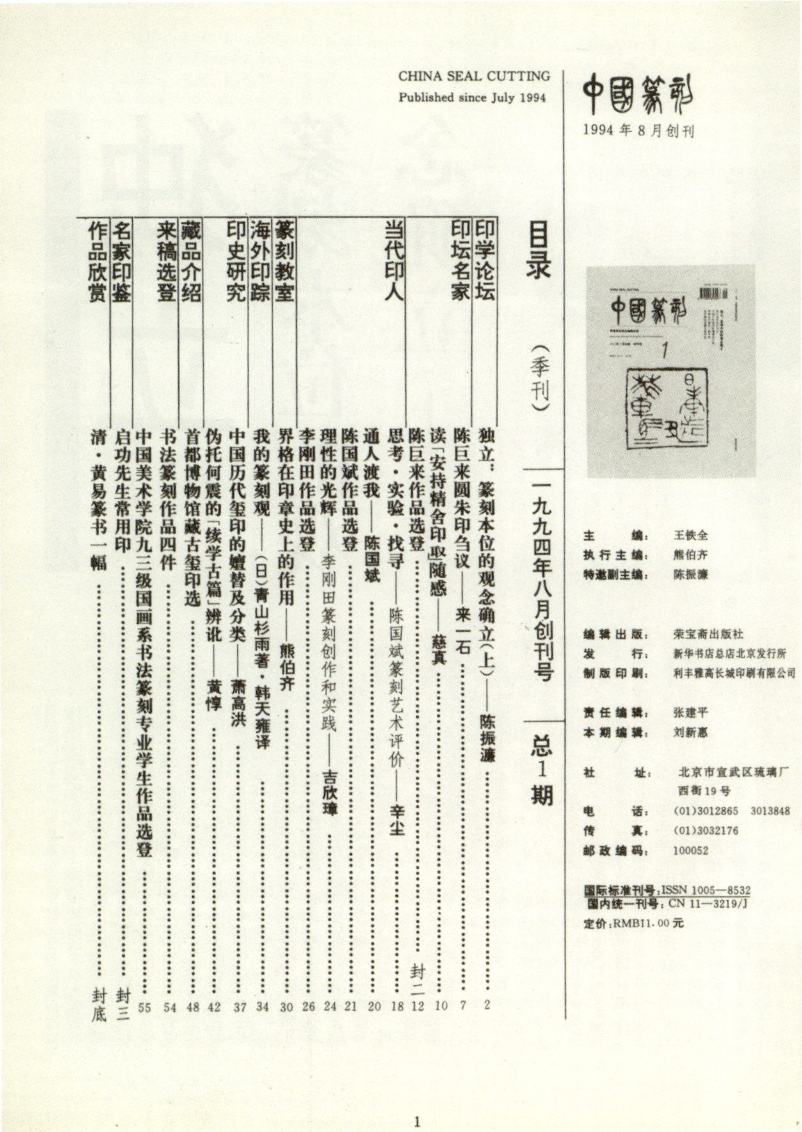

CHINA SEAL CUTTING
Published since July 1994

中國篆刻
1994 年 8 月创刊

目录

（季刊）

一九九四年八月创刊号

总 1 期

主　　编：王铁全
执行主编：熊伯齐
特邀副主编：陈振濂

编辑出版：荣宝斋出版社
发　　行：新华书店总店北京发行所
制版印刷：利丰雅高长城印刷有限公司

责任编辑：张建平
本期编辑：刘新惠

社　　址：北京市宣武区琉璃厂西街 19 号
电　　话：(01)3012865　3013848
传　　真：(01)3032176
邮政编码：100052

国际标准刊号：ISSN 1005—8532
国内统一刊号：CN 11—3219/J
定价：RMB11.00 元

1

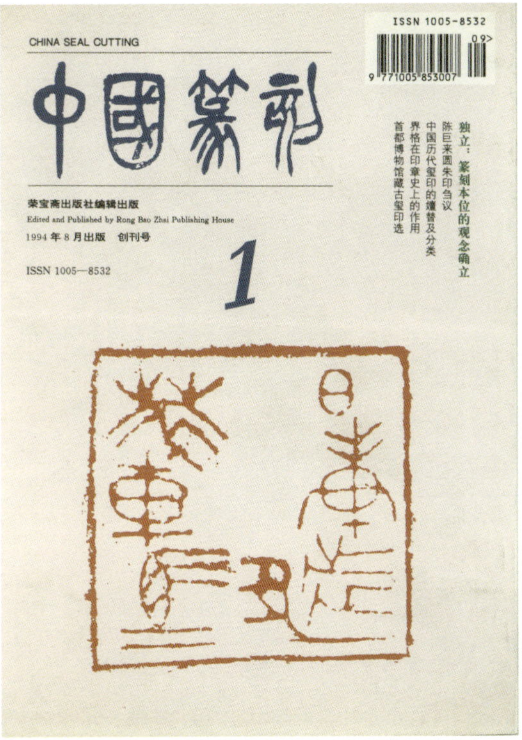

《中国篆刻》期刊创刊号

小樓一夜
聽春雨
陸游句
乙巳秋月

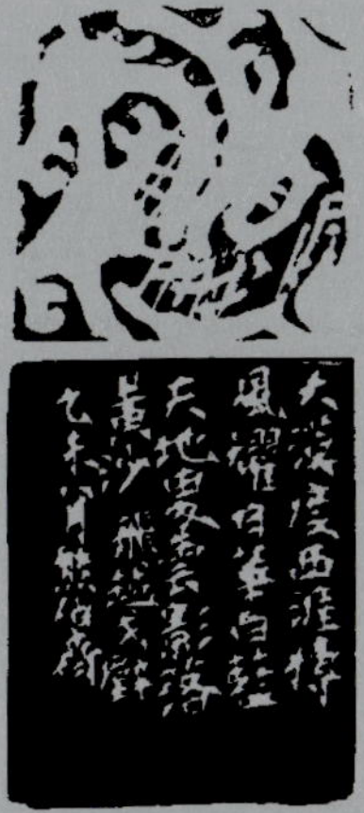

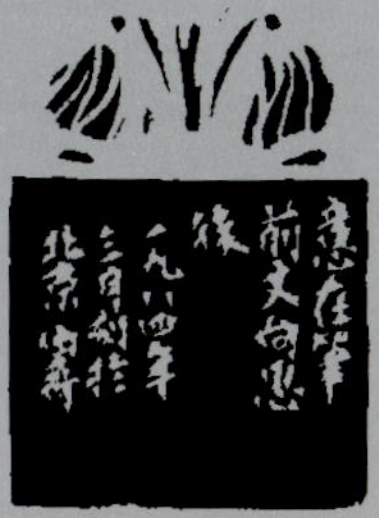

熊伯齐篆刻

1998

8月，荣宝斋与人民美术出版社、连环画出版社、朝花少年儿童出版社合并组建中国美术出版总社。

荣宝斋出版社搬入北总布胡同32号办公。

1999

10月，《中国篆刻》更名为《荣宝斋》，《荣宝斋》（双月刊）创刊。《孙子兵法百家书》获首届全国优秀艺术图书奖二等奖，《荣宝斋画谱 古代部分》（4册）获三等奖。

《荣宝斋》创刊十周年著名画家学术研讨会

致读者

在迎接新世纪即将到来的时候，又值新中国五十华诞，我们有幸捧给读者一本新的——《荣宝斋》——期刊，她寄托了我们的爱心，更寄托了许许多多的关注和期待。

《荣宝斋》期刊以向世界宣传中国文化为主题，以正确引导并促进中国文化艺术和艺术品市场的健康发展为宗旨。

中国有五千年的文明史，称得上是世界上文化最富有的国家之一。非但不斥且能涵融异民族文化，这是每一个中国人为之自豪的。但近代随着洋枪洋炮的入侵，中华文化瑰宝被毁、被抢、被盗窃，堂而皇之陈设在异国的博物馆中。更有卖国求荣者、丑陋之家贼猖狂挖掘盗卖，致使中华文物珍宝流失海外难以数计，追寻这些宝物，不惜以重金使其重归故里，许多爱国赤子为此付出重大代价和牺牲，令人可悲、可敬、可叹。

历史证实，中国是一个自强不息、难于被灭亡的国家，五千年的文明也绝不会因列强的贪婪和几个家贼败类的丑恶行径而毁灭。因此展示我中华瑰宝、弘扬我中华文化在于激发我们的自豪、自强的民族精神。

中、西文化艺术同属于人类共同的文明和创造，人类在长期的发展中，相互往来、相互影响、相互借鉴，不断丰富了本民族文化，形成自己独特的文化艺术传统。

民国初期，围绕中国画艺术引发的激烈的争论，迫使中国文化人进行冷静的思考和为中国画的发展做出有益的选择。固守传统者显得迂腐，但却体现了中国文化传统不可侵犯的尊严；弃“旧”图“新”者，未免轻狂无知，但也说明了阻碍中国画发展的严重弊端；提倡中西结合者，探索艰难，虽不为认同，也表现了一种急切变革图新的心理。中国画究竟如何发展，当代“笔墨等于零”和“守住中国画的底限”的不同认识，再次成为人们关注和议论的焦点。

中国的改革开放，为中国文化艺术的发展获得难得的历史机遇，改革开放以来，中国的艺术家终于可以在宽松的环境中，自由展示自己的艺术才华，大胆表述自己的艺术见解，真正实现了“百花齐放，百家争鸣”的倡导，继承传统和探

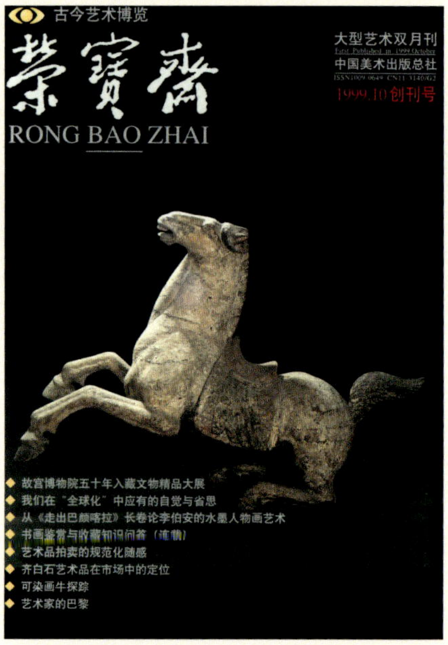

《荣宝斋》期刊创刊号

入藏的文物，有许多本来就是明清皇宫的旧藏，解放前由于腐败、战乱、掠夺、偷窃和末代皇帝溥仪以『赏赐』为名，使大批珍贵文物流散出宫，一九四九年以后失而复得，不能不说是新中国的伟大功绩。『故宫博物院五十年入藏文物精品大展』，从中精选出四百件（套）有代表性的珍品，设置两个会场，按藏品类别分八个部分展出。每部分入选五十件文物，以合『五十年大庆』之意。奉先殿主会场：第一部分陶瓷，第二部分青铜，第三部分雕塑，第四部分玉器，第五部分竹木牙角、文房四宝，第六部分金银器、珐琅、漆器、织绣、家具；保和殿西庑分会场：第七部分绘画，第八部分法书、碑帖。主、分会场遥相呼应，重点突出个人无私奉献的爱国主义精神，同时展示了中华瑰宝历史悠久和无与伦比的艺术风采。

清　五彩加金鹭莲纹尊　（国家文物局拨）

13

《荣宝斋》期刊创刊号内页

索革新的许多作品，都给人有面目一新的不同感受。其中既有坚实的传统功力，又有大胆尝试探索的新鲜笔墨，人们从中可深刻感悟到中国画传统强大的生命力和"笔墨当随时代"勇于求变、创新的胆魄。我们提倡不同艺术观点的探讨和争鸣，我们赞赏不求闻达勇于探索的精神，因为推动中国画的发展，是一代又一代人需要长期付出艰苦努力的事业。

中国的书画家据不完全统计有上百万人之多，且不说后生从学者相继步入这庞大的书画家队伍，可谓历史之最、世界之最，令人可喜、可贺。但竖看历史，名家区区可数，大家更是百年难遇，凤毛麟角，而当今冠以"著名""大师""巨匠"等显赫者比比充人耳目，令人不知是喜耶、悲耶？有的"作品"价位之高猛，足以令先人咋舌，吓煞后来者，这是一种可悲的现象。包装、炒作不是中华民族的传统，中国美术史上没有哪一位传世书画家是被包装、炒作、吹捧出来的。

中国画艺术的发展，离不开美术理论家、评论家、批评家公允无私的关心和实事求是的评论和报导。过去的许多年里，特别是"四人帮"肆意妄为的年代，黑白颠倒、指鹿为马，不但制造了中国社会的混乱，而且令中国人尝尽了苦头，因此大力提倡实事求是在今天尤为重要，因为它是用血的代价换来的。随着画廊和艺术品拍卖行业的兴起，被隔断的中国艺术市场，近年来呈现从未有过的火爆场面。据统计，全国的画廊、拍卖行有四千余家，发展之快、数量之多、竞争之激烈达到惊人的程度。伴随画廊和艺术品拍卖业的飞速发展，许多城镇出现的地摊热现象，也如雨后春笋般一下子冒了出来，古玩杂件，林林总总，应有尽有，热闹非常。改革开放后，中国艺术品市场出现的繁荣景象确实让人感到欣喜，它不仅为艺术品生产者、爱好收藏者提供了合法交易的场所，满足了人们的文化需求，同时国家也因此增加了税收。本是一种正常有序的文化经营，但当你走进艺术品市场，不免生出几分疑窦、几分忧虑，艺术品市场的混乱无序状态与国外同等规范行业形成鲜明的对比，有的经营者在经济利益驱动下，真伪混杂，以伪充真，赝品、低劣品到处可见，乏人过问；有拍卖者为了卖高价不惜雇用"托儿"；

其中还有利用科学手法造假、以假乱真、牟取暴利、欺骗竞买者；更有不法之徒混杂其间乘机走私、贩私，致使国家级文物再度流失，十分令人痛心。

艺术品市场的混乱现象和存在的问题，足应引起全社会极大的关注，人们在呼吁国家出台相应法规、加强管理、严格规范的同时，也寄希望于一切从事文化、文物事业的工作者，积极的批评和干预，因为一个健康有序发展的艺术品市场才是社会和人们所需要的。

《荣宝斋》期刊在国家新闻出版署和中国美术出版总社的关心和支持下，创刊号今天同大家见面了。在近一年时间的筹办过程中，我们征求并认真听取了许多专家、学者以及广大艺术爱好者的许多非常好的意见和建议，同时得到北京彩虹制版印刷技术有限公司的技术指导和大力支持，借此机会表示诚挚的敬意。《荣宝斋》期刊今后仍将不定期举办有专家、学者及读者参加的，不同规模、不同形式的艺术研讨会，广泛听取意见，以更好地为广大读者服务。

《荣宝斋》期刊共设八个固定栏目，若干个非固定栏目，读者可各取其有兴趣的内容阅读，以助思考。

《荣宝斋》期刊编辑部

一九九九年十月一日

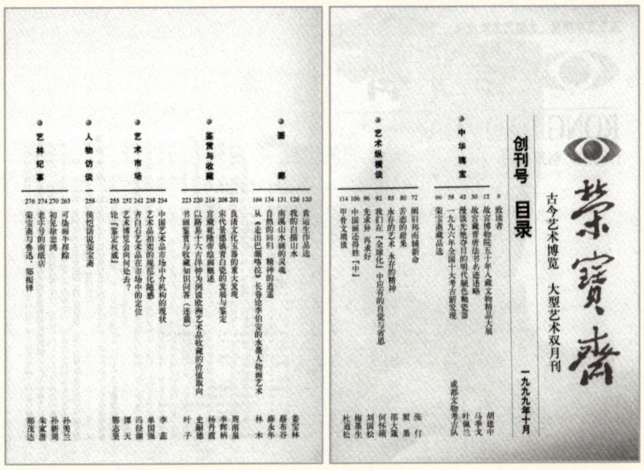

2000

080 11月，《古印集萃》（3卷）出版。

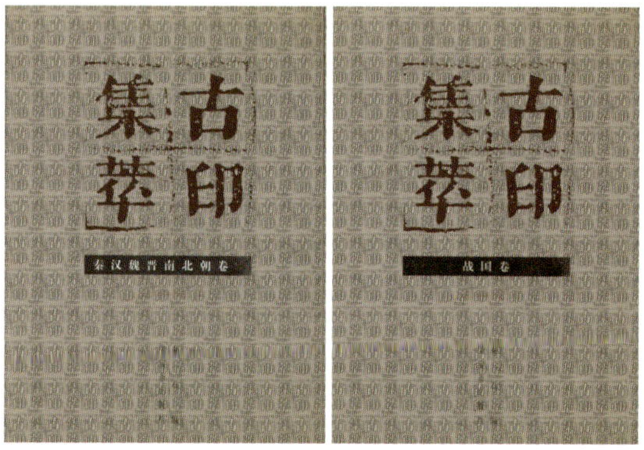

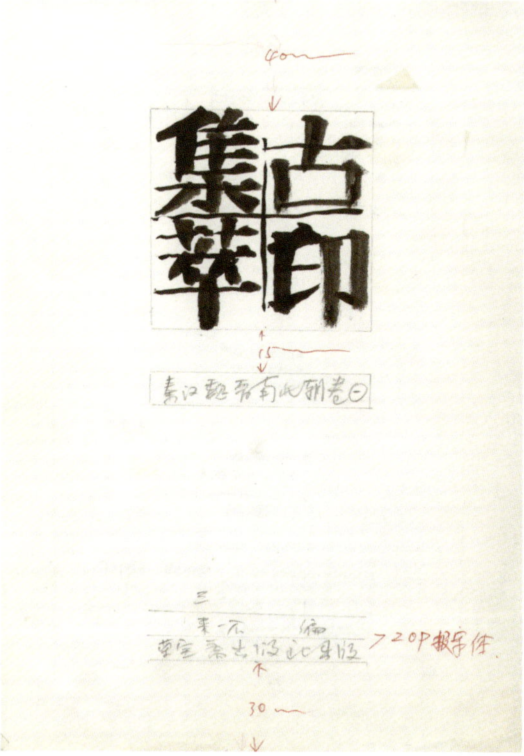

封面及设计稿

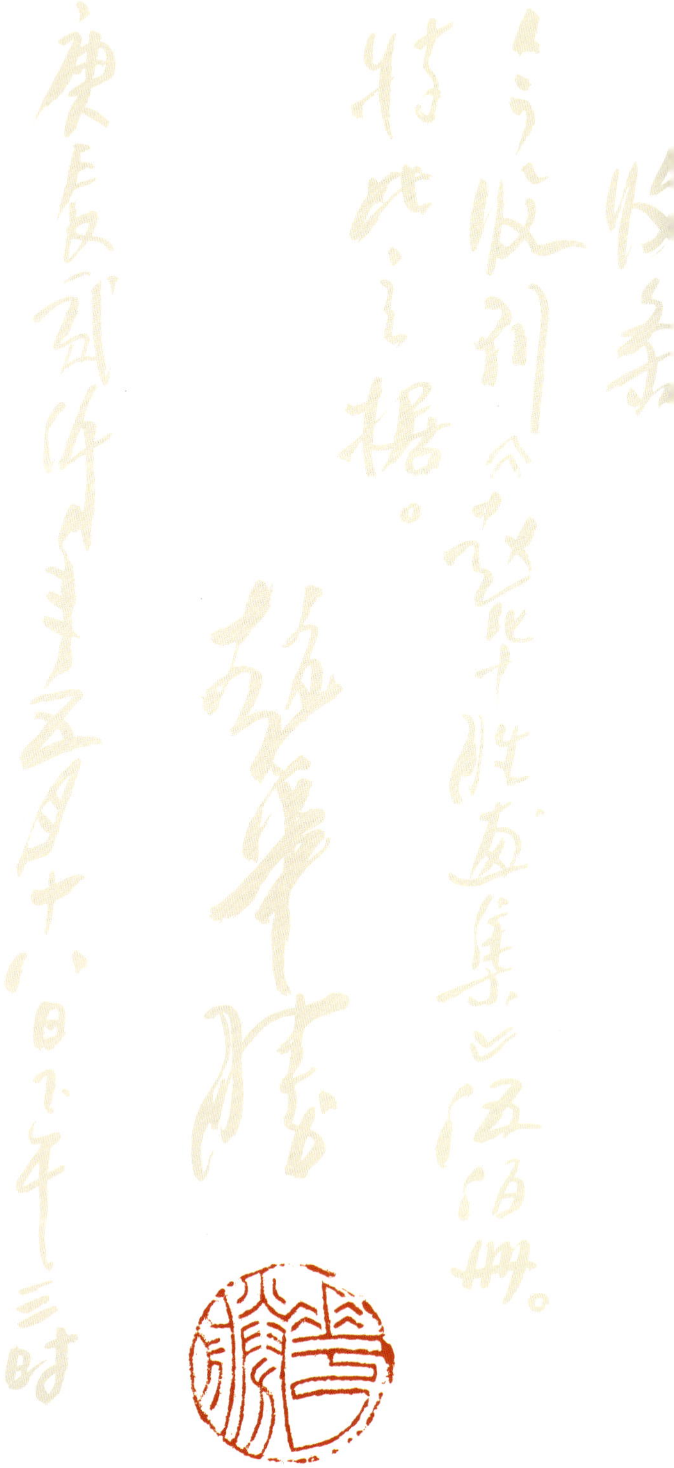

2002

2002 年，所属中国美术出版总社进行全面改革，恢复并加强了荣宝斋出版社的自主经营与品牌建设。

张建平任荣宝斋出版社总编辑，负责本社编、印、发工作。

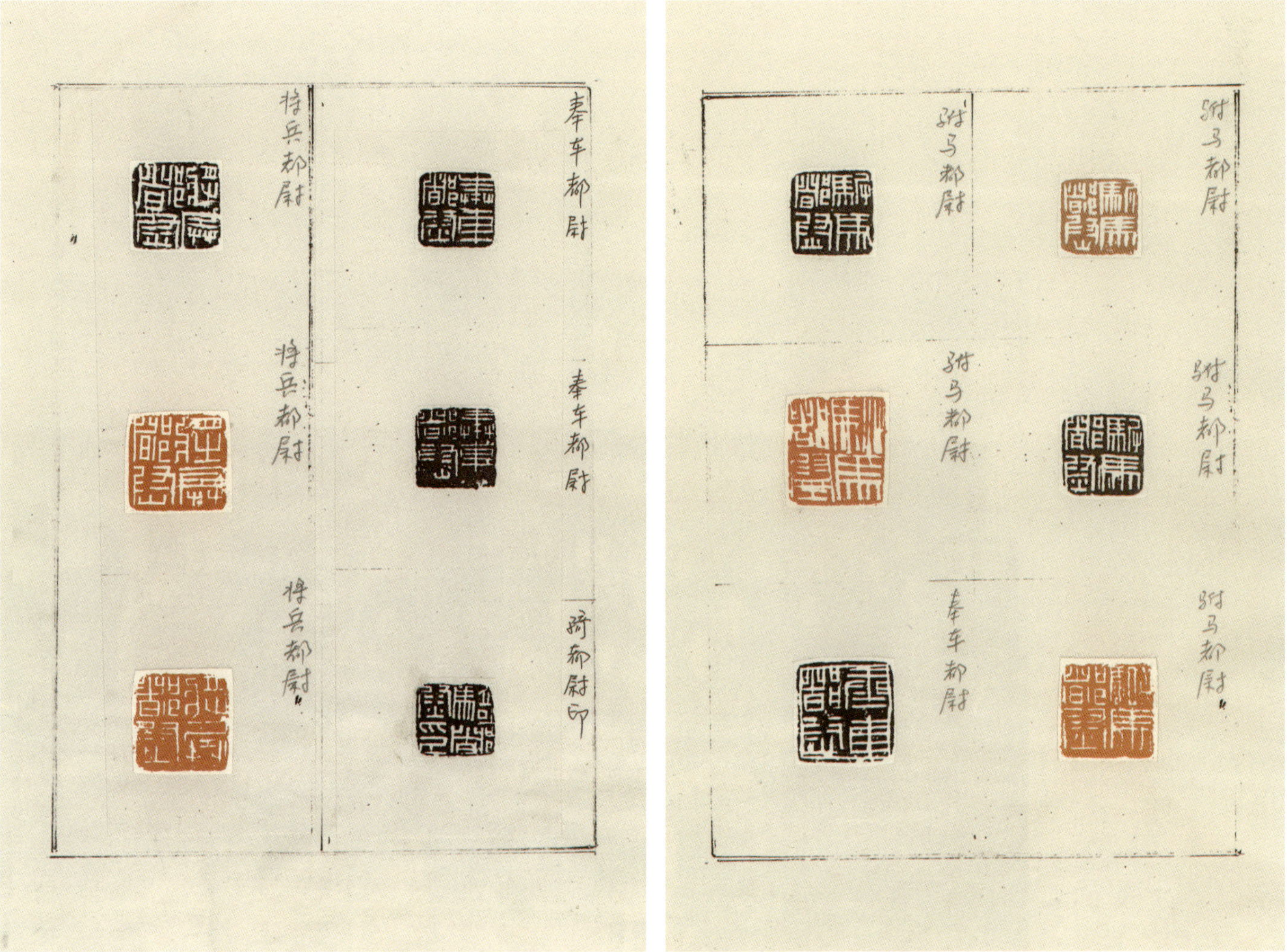

《古印集萃》制作稿

2003

12月7日，《阳太阳绘画全集》首发式暨“阳太阳艺术研讨会”举行。《叶毓中国画重彩后集 唐风》获第一届中国出版集团公司图书奖优秀设计奖。

《阳太阳绘画全集》首发式暨阳太阳艺术研讨会

《荣宝斋画谱203 叶毓中绘写意人物部分》

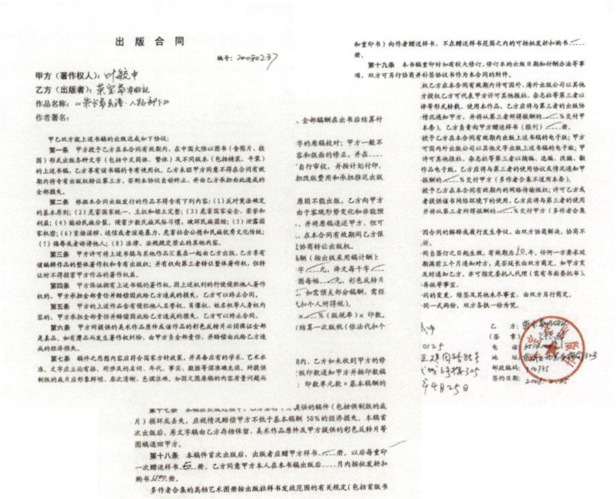

出版合同

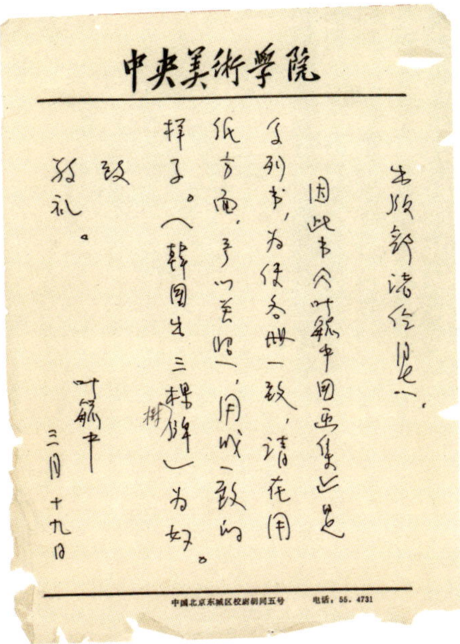
中央美術學院

出版部诸位先生：

因此书（叶毓中画集）已是系列书，为使各册一致，请在用纸方面，予以参照（用成一致的样子。（韩国先生三样）为好。

致

敬礼。

叶毓中

三月十九日

中国北京东城区校尉胡同五号　电话：55. 4731

叶毓中致出版部信札

2004

《荣宝斋珍藏》（12卷）重点图书工程启动。

《经典名帖大家临》《我爱收藏》系列丛书开始出版。

《我爱收藏》系列

帖》临者
流 张静 汪永江 张羽翔 陈忠康 蔡梦霞

帖》临者
刘恒 肖文飞 张东明 张羽翔 汤展中

寒食诗帖》临者
全 白砥 刘月卯 陈忠康
顾 洪厚甜

座帖》临者
流 言恭达 汪永江 张景岳
亚 周斌

寒食诗帖跋》临者
丰 云平 张东明 洪厚甜
月 魏哲

帖》临者
全 冯华春 张东明 张羽翔
康 潘教勤

草堂十志图跋》临者
志 白砥 张东明 张羽翔 李章庸 陈忠康

帖》临者
工 林逸生 张羽翔 陈忠康
傅肃强

帖》临者
石 刘月卯 李有来 张羽翔 陈忠康 黄文斌

序》临者
全 刘月卯 孙晓云 伦杰贤
康 曾翔

时晴帖》临者
卯 张羽翔 周鸿图 陈忠康
斌 解小青
哀祸帖》临者
卯 张羽翔 陈忠康 赵雁君
曾翔

稿》临者
全 王丹 白砥 张羽翔 陈忠康
甜

四帖》临者
龙 白砥 甘中流 汪永江
翔 洪厚甜

诗》临者
李有来 张锡庚 陈忠康
良 洪厚甜

帖》临者
卯 张东明 李章庸 胡抗美
平 魏建勋

帖》临者
贤 张荣庆 柯云瀚 夏奇星
承 蒋金明
帖》临者
石 刘廷龙 刘新德 李有来
张世刚

帖》临者
汪永江 张羽翔 杨涛 陈忠康 曾翔
帖》临者
刘月卯 刘彦湖 李有来
翔 陈忠康

帖》临者
张羽翔 陈忠康 陈彦丰
斌 曾翔
帖》临者
石 刘月卯 张羽翔 赵雁君
解小青

帖》临者
冯华春 来一石 汪永江
翔 陈忠康
帖》临者
冯华春 张羽翔 陈忠康
黄文斌

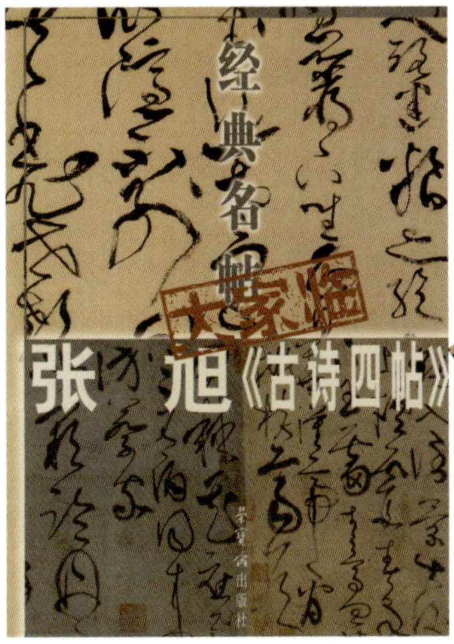

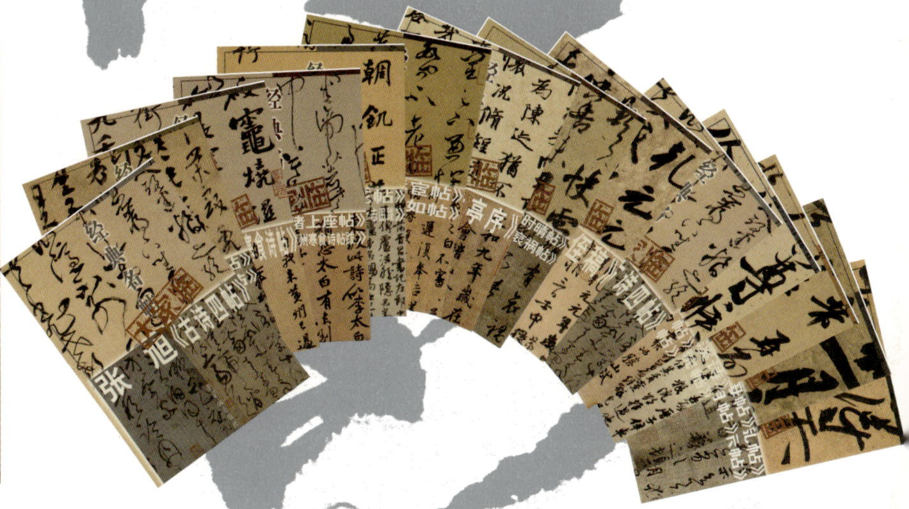

《经典名帖大家临》系列

《经典名帖大家临》系列精选了中国历代书法大家最有影响的墨迹名帖，邀请全国特别是在书法教学方面颇有成就的中青年书法家，从各自不同的艺术角度进行临摹和创作，以便广大读者在学习古代书法经典时得到更多的启发和借鉴。

本套丛帖视角独特、新颖，作品色彩还原逼真，并附有作者的临摹创作随感。其活页式的装订形式既方便读者学习和临摹，又能用于展示与欣赏。

赵朴初书法（选自《荣宝斋珍藏 12》）

《荣宝斋珍藏》（12卷）

郭沫若书法（选自《荣宝斋珍藏 12》）

沙孟海书法（选自《荣宝斋珍藏 12》）

2007

九月，与香港国石艺术集团、香港裕华百货公司在香港共同举办《寿山石文化丛书》首发式暨国石精品展。

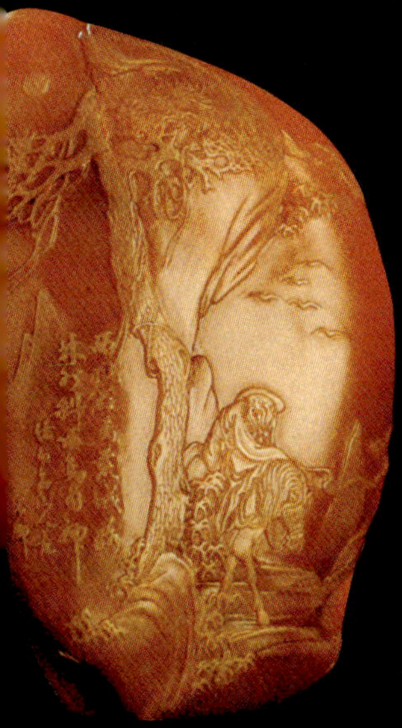

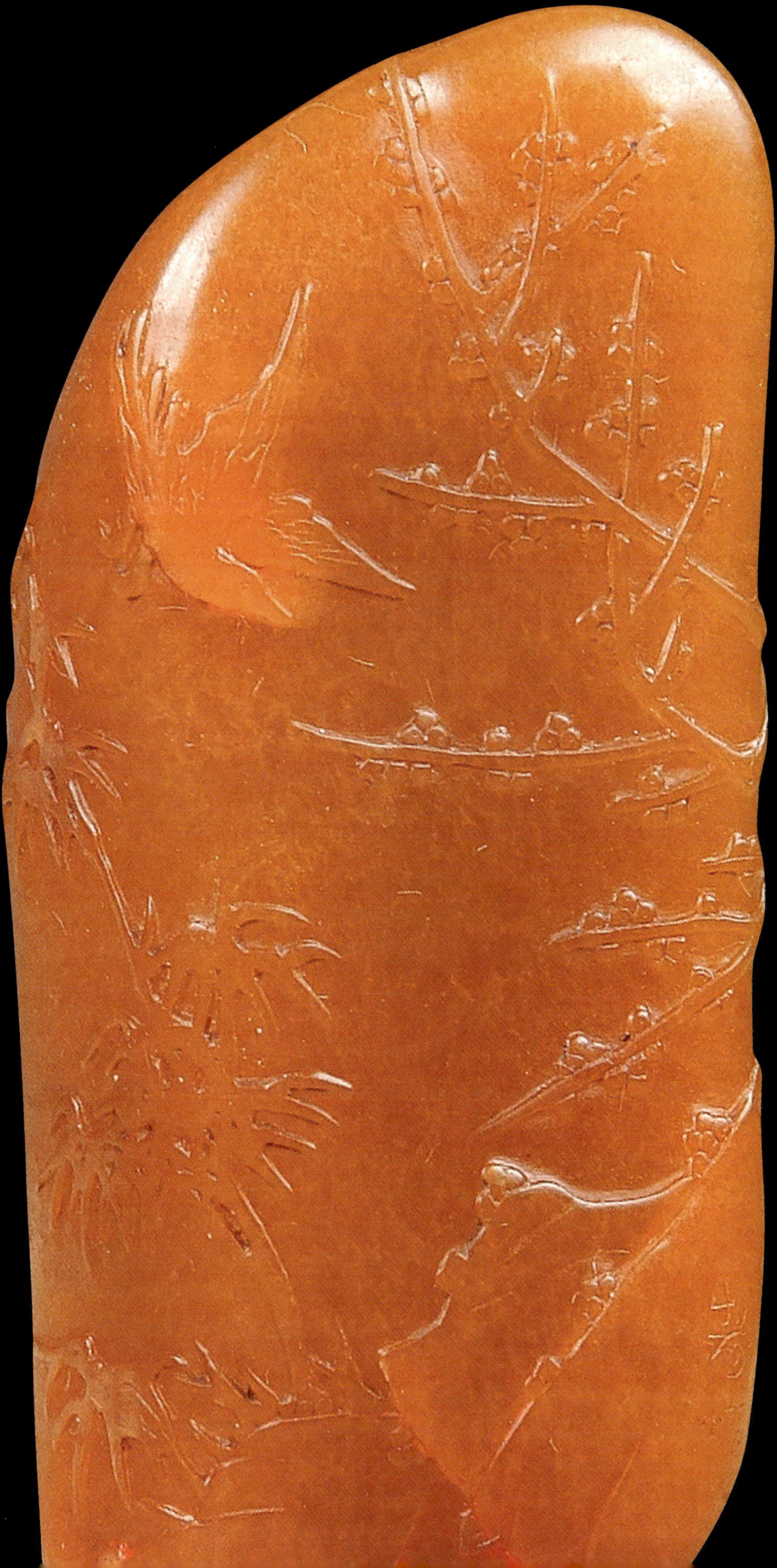

选自《寿山石珍宝田黄》

2007

范曾《十二生肖珍藏册》(木版水印)获第三届中国出版集团公司图书奖荣誉奖,《瓷典 徐龙珍藏历代名瓷》获优秀设计奖,《我爱收藏》系列获优秀选题奖,《家有宝藏 浙江民间收藏珍品大展特集》获优秀印刷奖。《南京博物院藏 傅抱石中国画》获第十六届“金牛杯”优秀美术图书评奖一等奖。

范曾《十二生肖珍藏册》(木版水印)

2009

中国出版集团有限公司 China Publishing Group Co., Ltd. 荣寶齋出版社

2月，荣宝斋出版社随荣宝斋与中国美术出版总社分立，直属中国出版集团公司。

5月11日，经新闻出版总署批准，原中国美术出版总社主办《美术之友》期刊划归荣宝斋。

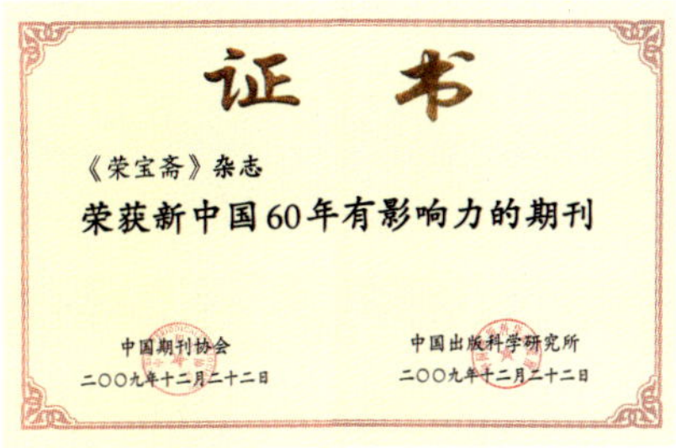

7月，《为了汶川 重建家园》获第四届中国出版集团公司图书奖特别奖。

10月，《潜在与显现：雕塑草稿研究》入选第二届“三个一百”原创图书出版工程。

12月，《荣宝斋》期刊获评“新中国60年有影响力的期刊”。

《手捏戏文 泥土神韵》获2008年度“北人杯”质量大奖。

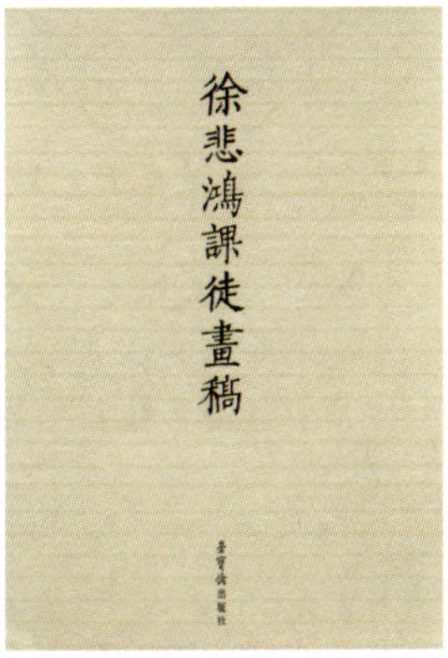

《徐悲鸿课徒画稿》（上、下）获第四届中国出版集团公司图书奖优秀印制奖。

《荣宝斋藏册页》获第十八届“金牛杯”优秀美术图书评奖银奖。

悲鸿

Xu Beihong's demonstrate paintings for teaching

徐悲鸿课徒画稿

选自《徐悲鸿课徒画稿》

西泠书画院
授权书
中国美术家协会艺术委员会
荣宝斋出版社再版图书发稿单
开本/印张
印数
定价
CIP
条码
书号
原稿种类及数量
著作权人意见
地址：
协议约定出版

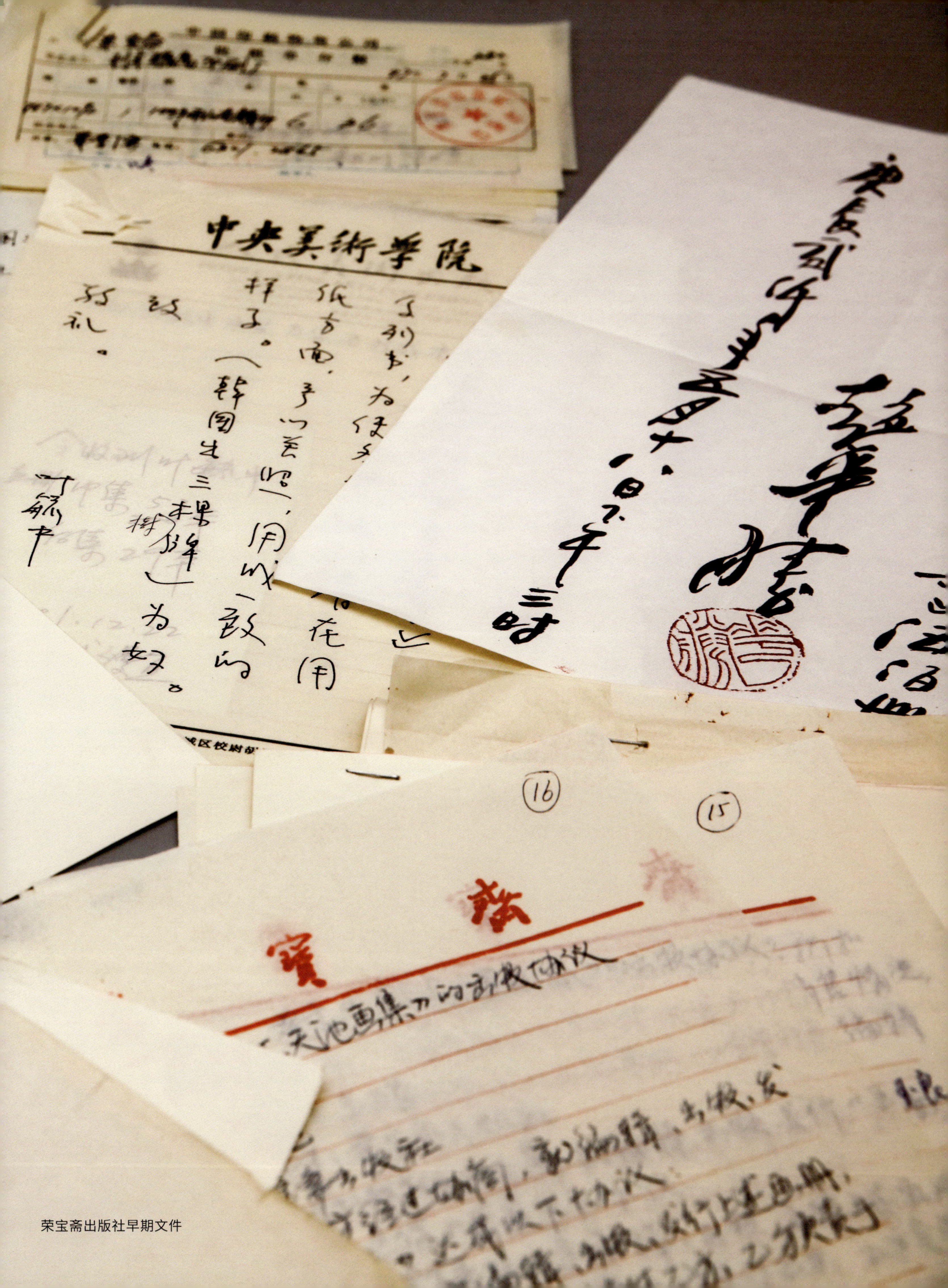

荣宝斋出版社早期文件

榮寶齋出版社

重續華章

重续华章

2010

唐辉任荣宝斋出版社社长，张建平任总编辑。

8月24日

出版社重新划归荣宝斋，搬离北总布胡同，迁回万源夹道1号办公。

9月

《荣宝斋珍藏7 绘画卷七》获第三届中华优秀出版物图书提名奖。

12月

《李味青花鸟画》获第二届中国出版政府奖装帧设计奖提名奖。《中国书法全集》获批国家出版基金资助项目。《荣宝斋画谱 古代部分 沈周绘山水》（2册）获"两个工程"对外推广资助。

《荣宝斋画谱》获中国出版集团公司2009年度优秀常销书奖。《所见所思入画图》（上、下）获第二届中国出版政府奖印刷复制奖。《荣宝斋》期刊由双月刊变更为单月刊。《当代中国书法论文选》（5卷）出版。

2011

1月

《范曾庚寅新作》获中国出版集团公司2010年度优秀常销书奖。

4月

《常用易错字辨正指南》（增订本）获第五届中国出版集团公司出版奖优秀校对奖。《李味青花鸟画》获第五届中国出版集团出版奖荣誉奖。

10月

《张大千全集》研讨会举办。《中国印论类编》（上、下）入选第三届"三个一百"原创图书出版工程，获第二十届"金牛杯"优秀美术图书评奖金奖。《我带牠们回北京——威尼斯玻璃岛的艺术》获第二十届"金牛杯"优秀美术图书评奖银奖，《百桥图》《翰墨千秋 中国艺术研究院中国书法院院展作品集》获铜奖。《荣宝斋书谱》获批国家出版基金资助项目。《吴作人书画全集》《中国书法全集》获批中国出版集团公司图书出版专项资金资助项目。《荣宝斋》期刊获第五届中国出版集团出版奖优秀校对奖、优秀设计奖、优秀印制奖。

2012

《艺术品》期刊创刊，曲刚任主编，杨中良任执行主编。

8月

《荣宝斋珍藏》丛书（2册）、《荣宝斋册页选》丛书（14册）获2011年度输出版优秀图书奖。

9月

《诗书画印成语典故辞典》《水墨中国——中国当代国画名家精品集》获第二十一届"金牛杯"优秀美术图书评奖银奖。

10月

《荣宝斋传统艺术图书出口项目——荣宝斋》获批2011—2012年度国家文化出口重点项目。《京剧法式》获批中国出版集团公司图书出版专项资金资助项目。《荣宝斋画谱 古代部分》获国家新闻出版总署"两个工程"对外推广资助，《百桥图》《手捏戏文 泥土神韵》《宋人画选》《长恨歌图卷》获文著翻译资助。

2013

2月

《中国印论类编》（上、下）获第三届中国出版政府奖图书奖提名奖、第四届中华优秀出版物图书提名奖、中国出版集团公司2012年度出版特别贡献奖。

7月

《老一辈革命家书法艺术精选》获第六届中国出版集团公司出版奖综合奖，《水墨阿尔卑斯 中国当代国画精品展作品集》获优秀设计奖，《龙尾石谱》获优秀校对奖。《百年雄才》获第六届中国出版集团公司出版奖优秀印制奖。

8月

《永恒的三峡记忆 伍必端写生画集》获2012年度输出版优秀图书奖。

9月

《百年雄才》获第二十二届"金牛杯"优秀美术图书评奖金奖，《永恒的三峡记忆 伍必端写生画集》《清代笔记日记绘画史料汇编》获铜奖。《阿诗玛》（木版水印）获第三届中国出版政府奖印刷复制奖提名奖，荣宝斋获第三届中国出版政府奖先进出版单位奖。《鉴赏名家说收藏》（10册）、《墨花墨禽》（4册）获中国出版集团公司图书出版专项资金资助。

2014

2月

《中国印论类编》（上、下）获中国出版集团公司2013年度出版特别贡献奖。

9月

《毛泽东书法选》（甲编上下、乙编）获第二十三届“金牛杯”优秀美术图书评奖金奖，《中国古代毛笔研究》《新出汉晋简牍及书刻研究》获铜奖。《荣宝斋国画技法丛书》（3册）入选首届向全国老年人推荐优秀出版物。

12月

《中国传统绘画撷珍》系列获2014年中国出版集团公司青年创新项目，入选北京市2014年重点图书选题。《荣宝斋藏册页》入选2014年“两个工程”推荐图书。

2015

《荣宝斋》《艺术品》期刊获评2015中国最美期刊。

《墨花墨禽》（4卷）获第二十四届“金牛杯”优秀美术图书评奖金奖，《中国画史精粹 贞松永茂巨册》《历代大家书千古绝唱》获铜奖。

《毛泽东书法选》《荣宝斋藏册页系列》获第七届中国出版集团公司出版奖。

《墨花墨禽》（4卷）、《荣宝斋藏册页》《读懂大师：中国历代书画家的传奇故事》《邓小平书法选》《当代中国写意篆刻研究展作品集》获评2015年度中版好书。

荣宝斋获中国印刷技术协会“印刷技术奖”。

《中国历代书法图鉴》（10卷）、《赖少其全集》获中国出版集团公司图书出版专项资金资助。

《荣宝斋珍藏7 齐白石》入选2015年“图书版权输出奖励计划”重点奖励项目，《荣宝斋画谱 古代部分》（山水2册）入选普通奖励项目。

2016

王登科任《艺术品》期刊主编。

1月

《中国书法章法研究》入选中国出版集团公司“中版好书”2015年度榜。

5月

《黄宾虹文集全编》（7册）、《张大千全集》入选“十三五”国家重点图书规划项目。

6月

《黄宾虹文集全编》《张大千全集》《历代画谱类编》入选中国出版集团公司“十三五”规划重点图书项目。

《陈云书法选》《朱德书法选》入选中国出版集团公司2016主题出版重点出版物。《荣宝斋》《艺术品》期刊获评2016年中国最美期刊。

8月

《陈云书法选》获第二十五届“金牛杯”优秀美术图书评奖金奖，《荣宝斋藏册页》获银奖，《秦汉简牍具名与书手研究》获铜奖，《岭上云 荣宝斋当代篆刻名家邀请展作品集》获优秀装帧设计奖。

11月

荣宝斋出版社获评中国版权最具影响力企业。《黄宾虹文集全编》获中国出版集团公司图书出版专项资金资助。《荣宝斋画谱 古代部分》获“中国图书对外推广计划”翻译资助。

2017

徐鼎一任《荣宝斋》期刊执行主编。荣宝斋出版社获评全国版权示范单位。《历代画谱类编》石（1—3）、山水（1—18）获第二十六届“金牛杯”优秀美术图书评奖金奖，《朱德书法选》《萧朗书画大系》（第1卷）获铜奖。《书画同源 八大山人》《华世翎光 田世光诞辰百年纪念画册》获第八届中国出版集团出版奖优秀印制奖。

2010

唐辉任荣宝斋出版社社长，张建平任总编辑。

8月24日

出版社重新划归荣宝斋，搬离北总布胡同，迁回万源夹道1号办公。

9月

《荣宝斋珍藏7 绘画卷七》获第三届中华优秀出版物图书提名奖。

12月

《李味青花鸟画》获第二届中国出版政府奖装帧设计奖提名奖。

《中国书法全集》获批国家出版基金资助项目。

《荣宝斋画谱 古代部分 沈周绘山水》（2册）获“两个工程”对外推广资助。

《荣宝斋画谱》获中国出版集团公司2009年度优秀常销书奖。

《所见所思入画图》（上、下）获第二届中国出版政府奖印刷复制奖。

《荣宝斋》期刊由双月刊变更为单月刊。

《当代中国书法论文选》（5卷）出版。

张建平 1964年生

北京人，一九八九年毕业于浙江美术学院（现中国美术学院）国画系书法篆刻专业，同年进入荣宝斋出版社从事编辑工作。先后担任荣宝斋出版社书法篆刻编辑室副主任、《中国篆刻》编辑部主任，中国美术出版总社书法篆刻编辑部主任，二〇〇二年至二〇二〇年任荣宝斋出版社总编辑。西泠印社社员、中国书法家协会会员。

唐辉 1965年生

北京人，现为全国劳动模范，编审，荣宝斋副总经理，荣宝斋画院院长，中国画学会副会长，中国美术家协会理事、中国美协中国画艺委会委员，中国书法家协会会员，中国国家画院研究员，中国艺术研究院美术创作中心研究员，中央文史馆书画院研究员，北京美术家协会理事，北京宋庄新联会监事长。

万源夹道北起琉璃厂西街，南至后孙公园胡同。全长252米，南北走向，清代时称琉璃厂南夹道，民国时称万源夹道。清初著名诗人王士祯曾居住于此。

荣宝斋出版社内景

荣宝斋出版社外景

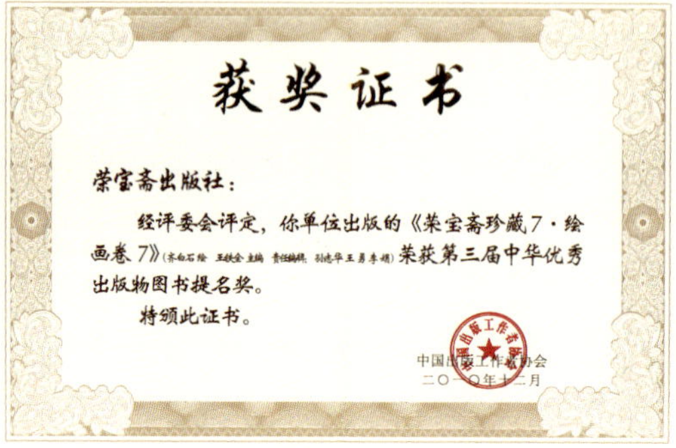

获奖证书

荣宝斋出版社：

经评委会评定，你单位出版的《荣宝斋珍藏7·绘画卷7》荣获第三届中华优秀出版物图书提名奖。

特颁此证书。

中国出版工作者协会
二〇一〇年十二月

《荣宝斋珍藏7 绘画卷七》

《荣宝斋珍藏7 绘画卷七》内页

星塘老屋後人
三百石印富翁

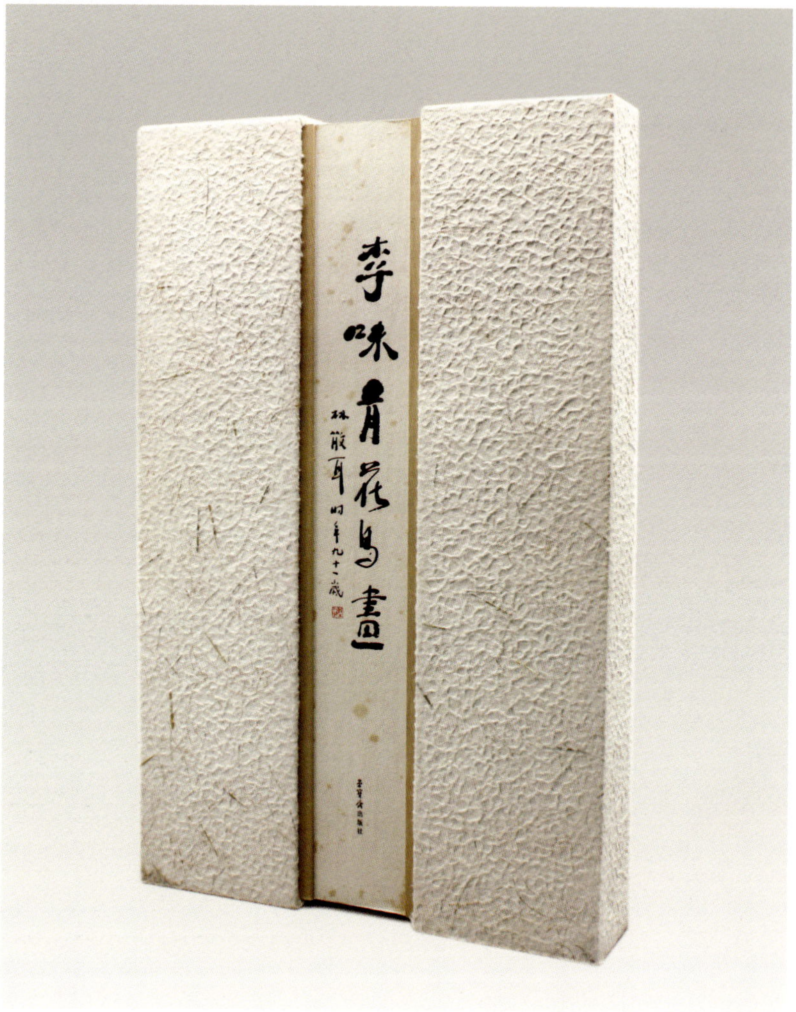
李味青花鸟画
林散耳 时年九十二岁

第五届中国出版集团
出版奖·荣誉奖
获奖出版物
荣宝斋出版社
《李味青花鸟画》
二〇一一年

证 书
荣宝斋出版社：
你单位 出版 的李味青花鸟画
荣获第二届中国出版政府奖装帧设计奖提名奖。
特颁此证。
中华人民共和国新闻出版总署
二〇一〇年十二月

《李味青花鸟画》

墨菊（选自《李味青花鸟画》）

选自《荣宝斋画谱 古代部分 沈周绘山水》

《荣宝斋画谱 古代部分 朱耷》

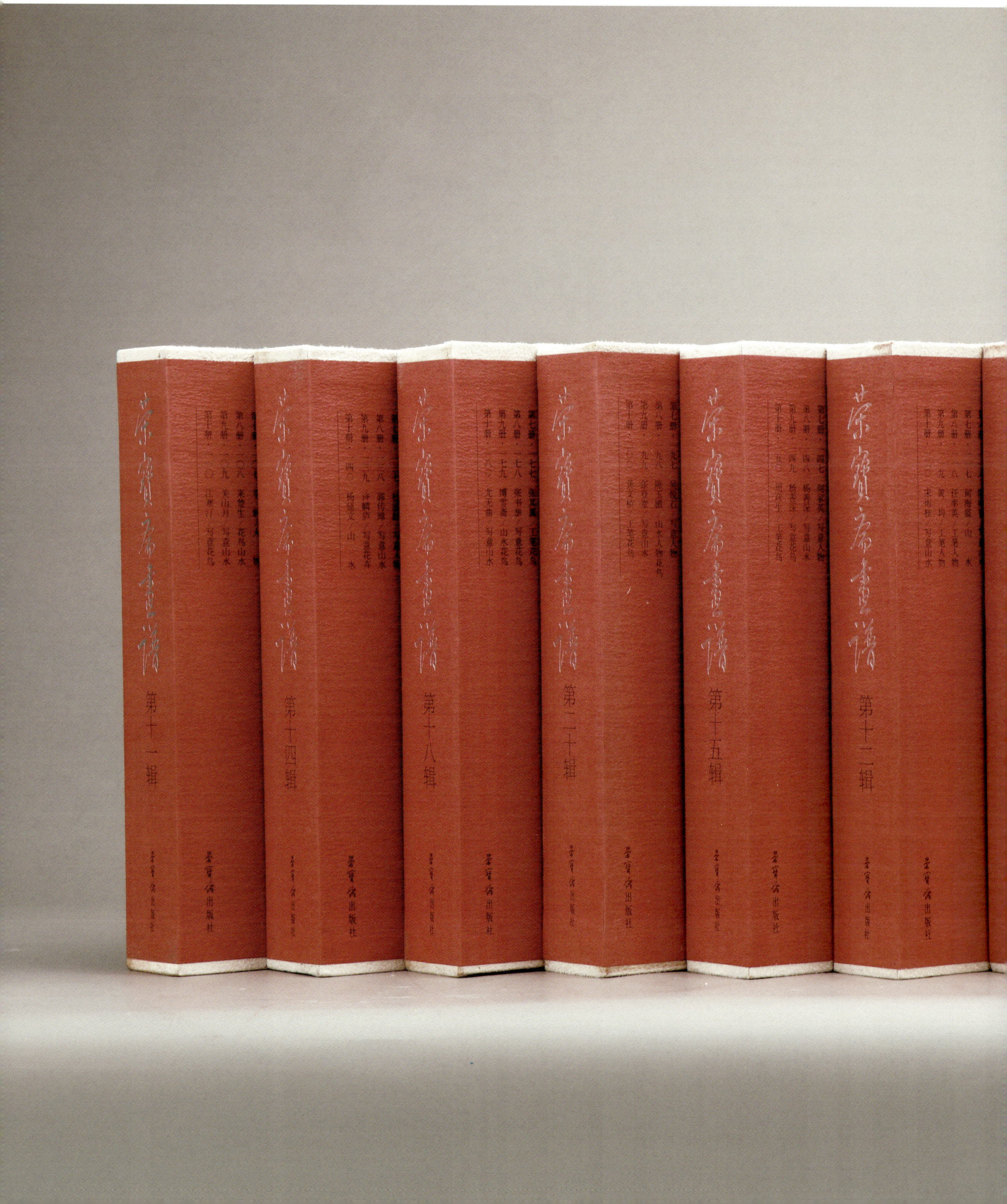
榮寶齋畫譜
第十一辑
榮寶齋畫譜
第十四辑
榮寶齋畫譜
第十八辑
榮寶齋畫譜
第二十辑
榮寶齋畫譜
第十五辑
榮寶齋畫譜
第十二辑
荣寶齋出版社

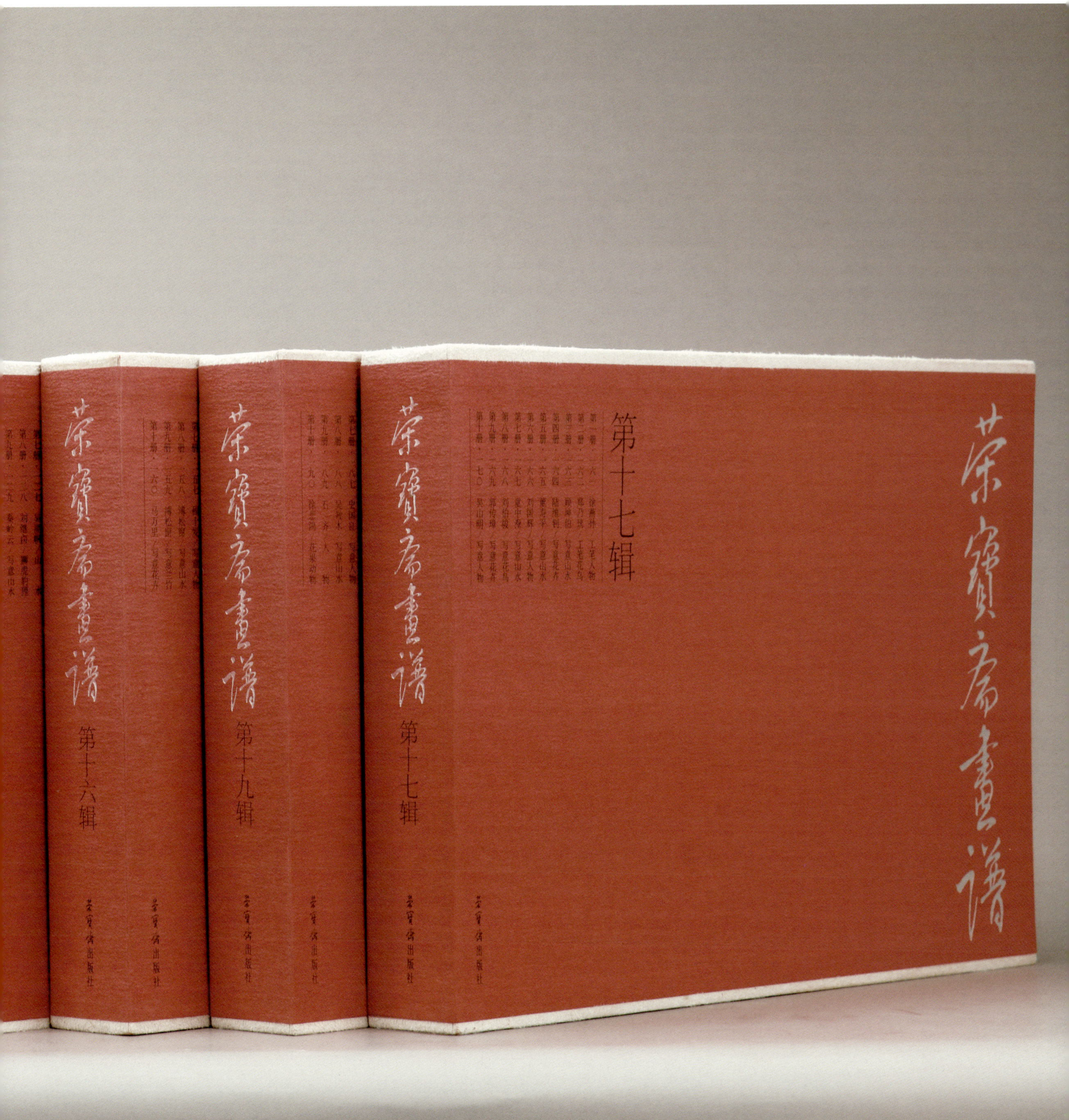

《荣宝斋画谱》合辑

《所见所思入画图》（木版水印）

吴冠中 1919—2010

江苏宜兴人。一九四二年毕业于国立艺术专科学校，一九四七年留学法国，入巴黎高等美术学院学习油画。一九五〇年回国，先后任教于中央美术学院、清华大学、北京艺术学院、中央工艺美术学院，为中央工艺美术学院教授、中国美术学院客座教授、中国美术家协会常务理事。吴冠中兼取中西绘画，长期从事油画民族化实践，其油画清新、明快，富于民族特色和抒情意味。后又从事水墨画创新，其画介于具象与抽象之间，注重点、线与墨块交融的韵律感，具有强烈的艺术个性和现代气息。吴冠中也从事艺术批评活动，出版有《绘画的形式美》《风筝不断线》等文集，另有画集多种行世。一九九一年获法国文化部授予的文学艺术最高勋章。

吴冠中 荷（选自《所见所思入画图》）

《荣宝斋》是中国出版集团主管、荣宝斋主办的大型艺术月刊。以我国古代传统艺术作品及理论、当代艺术品和艺术品市场为主要研究对象。展示书法、绘画、文物艺术精品，开展学术研究探讨，介绍当代优秀艺术作品，传播艺术市场信息，集学术性、艺术性、知识性、收藏性为一体。二十余年来，一直秉承深宏中正的办刊宗旨、严谨的学术态度、精心的编辑策划、细致入微的编排设计，热忱周到的服务意识赢得了业内及读者的肯定与支持，被业内专家认为是“我国美术界、书画界以及文物鉴定界屈指可数的优秀刊物”“在弘扬传统文化和促进当代艺术发展方面做出了巨大的贡献”，2009年被中国期刊协会评为“新中国六十年有影响力的期刊”。荣获“2015年中国最美期刊”“2016年中国最美期刊”“2018年中国最美期刊”称号。（资料来源于荣宝斋官网）

《荣宝斋》期刊

《当代中国书法论文选》(5卷)

《当代中国书法论文选》审稿工作会议

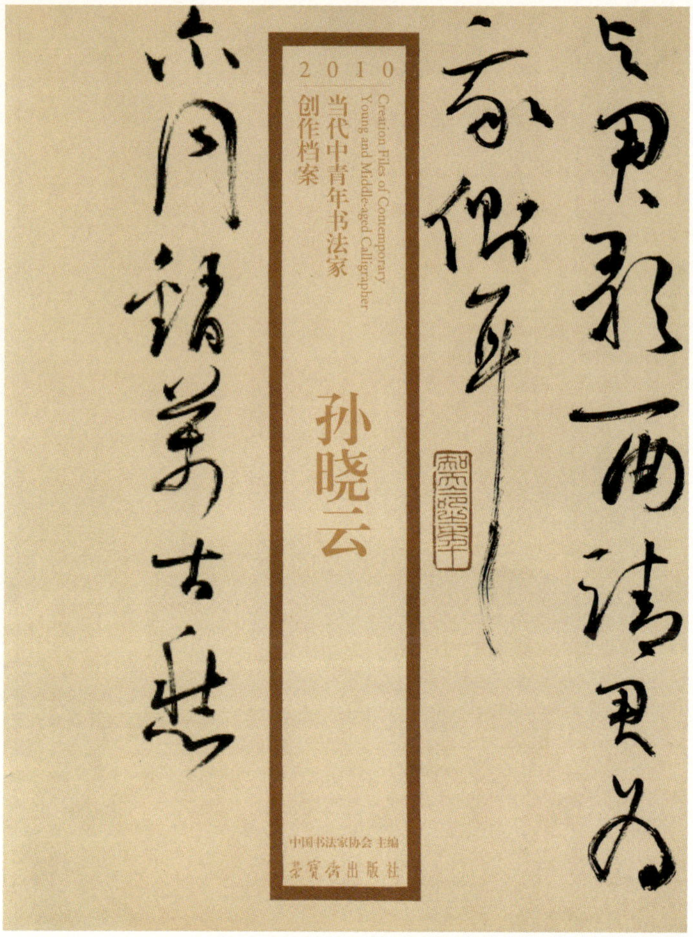

《2010当代中青年书法家创作档案 孙晓云》

孙晓云 1955年生

江苏沭阳人，一九七六年十二月加入中国共产党，一九七三年四月参加工作。现任中国书协主席，江苏省文联副主席、书协主席，江苏省政府参事，江苏省美术馆名誉院长，南京大学博士生导师，一级美术师。

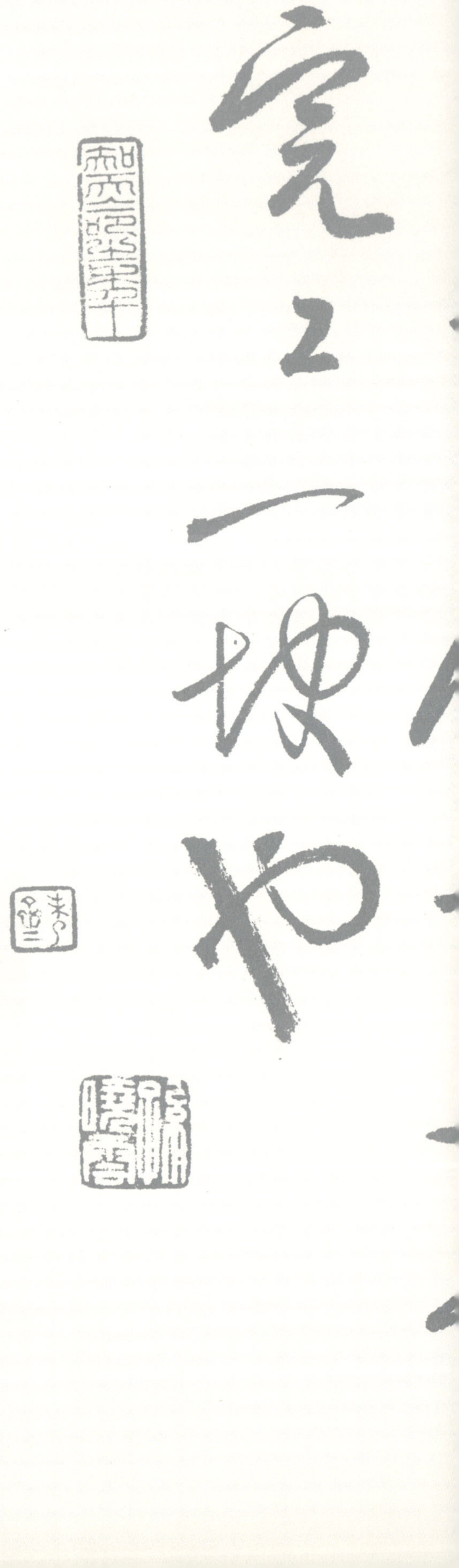

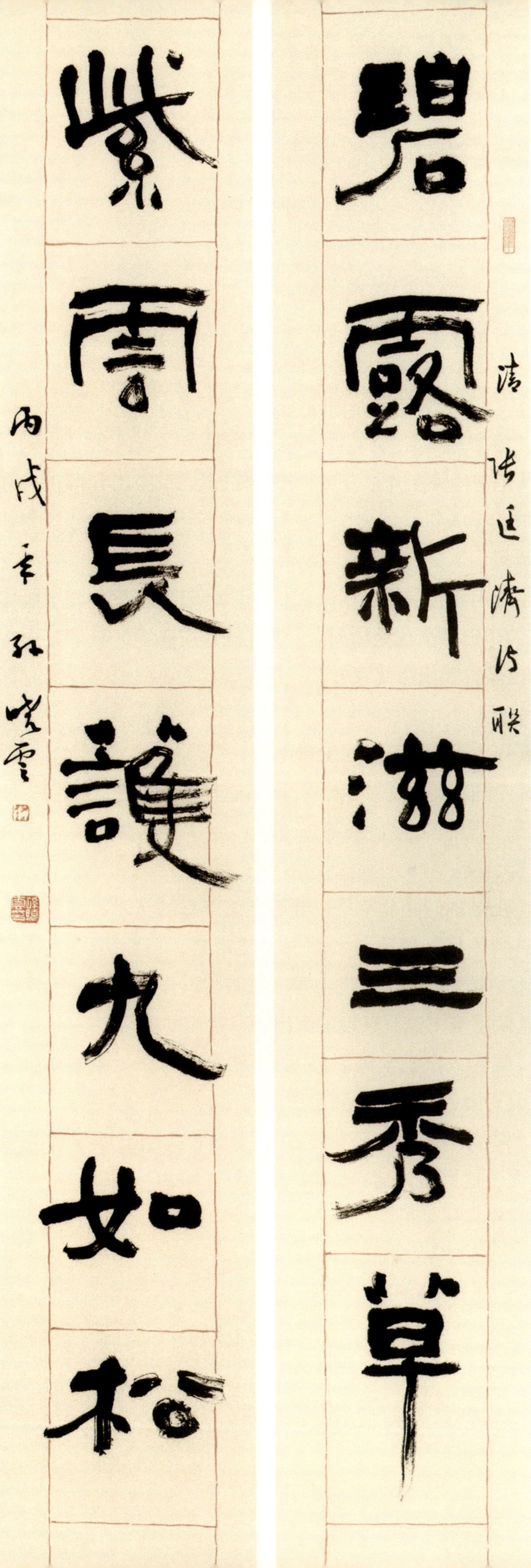

碧露紫云隶书七言联

2011

1月

《范曾庚寅新作》获中国出版集团公司2010年度优秀常销书奖。

4月

《常用易错字辨正指南》（增订本）获第五届中国出版集团公司出版奖优秀校对奖。《李味青花鸟画》获第五届中国出版集团出版奖荣誉奖。

10月

《张大千全集》研讨会举办。

《中国印论类编》（上、下）入选第三届“三个一百”原创图书出版工程，获第二十届“金牛杯”优秀美术图书评奖金奖。

《我带牠们回北京——威尼斯玻璃岛的艺术》获第二十届“金牛杯”优秀美术图书评奖银奖，《百桥图》《翰墨千秋 中国艺术研究院中国书法院院展作品集》获铜奖。

《荣宝斋书谱》获批国家出版基金资助项目。

《吴作人书画全集》《中国书法全集》获批中国出版集团公司图书出版专项资金资助项目。

《荣宝斋》期刊获第五届中国出版集团出版奖优秀校对奖、优秀设计奖、优秀印制奖。

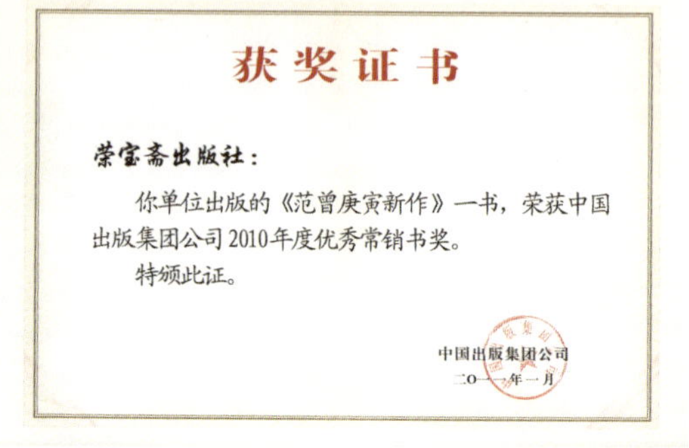
获奖证书

荣宝斋出版社：

你单位出版的《范曾庚寅新作》一书，荣获中国出版集团公司2010年度优秀常销书奖。

特颁此证。

中国出版集团公司

二〇一一年一月

《范曾庚寅新作》

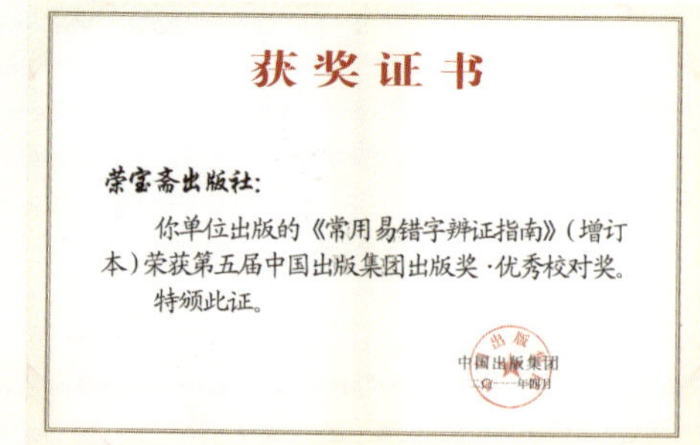
获奖证书

荣宝斋出版社：

你单位出版的《常用易错字辨证指南》（增订本）荣获第五届中国出版集团出版奖·优秀校对奖。

特颁此证。

中国出版集团

《常用易错字辨正指南》（增订本）

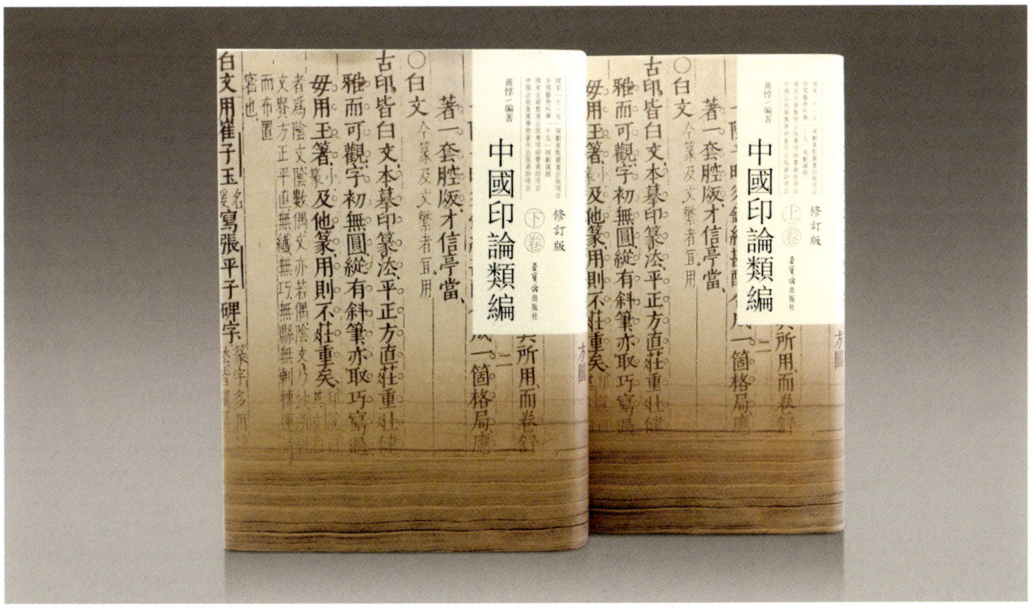

《中国印论类编》（上、下）

《荣宝斋书谱》

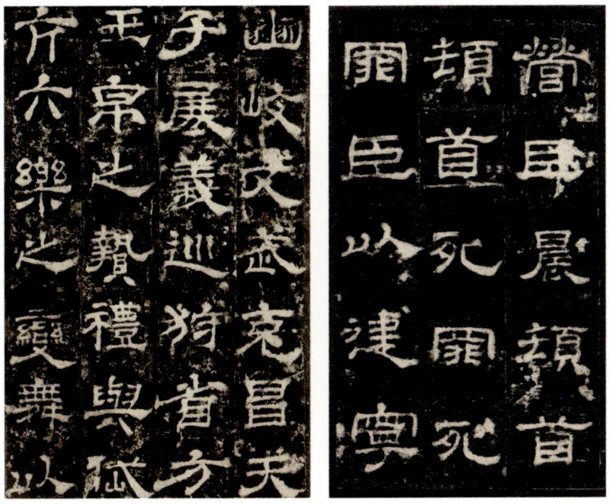

选自《荣宝斋书谱》

黄永玉

《我带牠们回北京——威尼斯玻璃岛的艺术》发布会

《张大千全集》研讨会

选自《我带牠们回北京——威尼斯玻璃岛的艺术》

I Bring Them Back to Beijing

The Art of Murano, the Glass Island

Last May and June, I went to Spain from Italy and then back to Italy where I worked in Murano, a Venice island, for about 10 days. I just did the design; the making was done by two amazing artists at Adriano Beringer's workshop, Danniro and Siuano.

I worked with them from 7 a.m. to 6 p.m. every day.

Adriano Beringer, owner of the workshop, is a very generous and interesting person. I was also deeply impressed by the great personality and amazing skills of the two artists Danniro and Siuano.

What's left to me is a clear, lasting memory.

Huang Yongyu
Wanhe Residence
January 1, 2011

选自《我带牠们回北京——威尼斯玻璃岛的艺术》

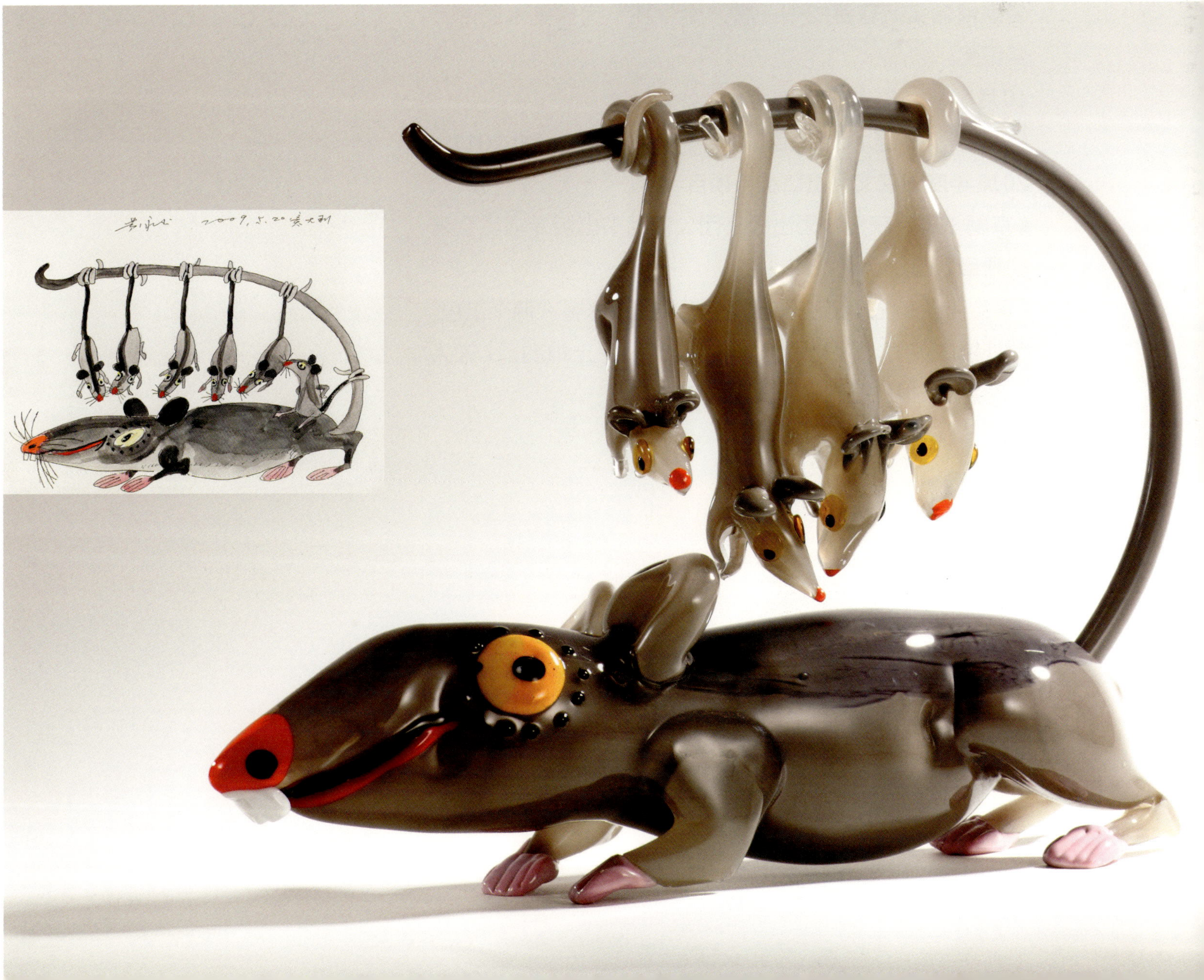

2012

《艺术品》期刊创刊，曲刚任主编，杨中良任执行主编。

8月

《荣宝斋珍藏》丛书（2册）、《荣宝斋册页选》丛书（14册）获2011年度输出版优秀图书奖。

9月

《诗书画印成语典故辞典》《水墨中国——中国当代国画名家精品集》获第二十一届“金牛杯”优秀美术图书评奖银奖。

10月

《荣宝斋传统艺术图书出口项目——荣宝斋》获批2011—2012年度国家文化出口重点项目。

《京剧法式》获批中国出版集团公司图书出版专项资金资助项目；

《荣宝斋画谱 古代部分》获国家新闻出版总署“两个工程”对外推广资助，《百桥图》《手捏戏文 泥土神韵》《宋人画选》《长恨歌图卷》获文著翻译资助。

荣宝斋《艺术品》杂志是由中国出版集团公司主管，荣宝斋主办的艺术综合资讯类月刊。本刊根据中国艺术品市场发展的需要，结合我国艺术品市场投资情况，依托荣宝斋的资源，打造艺术品市场的权威平台。为中国艺术品行业和市场服务，成为我国艺术品市场的主流核心媒体。

在“《艺术品》，品艺术，艺术使人更深刻”的办刊理念下，在学术的象牙塔与大众生活之间搭建起互动平台。

期刊分为“人物·状态”“典藏·知识”“艺术·生活”“资讯·市场”四大板块，主要栏目有：

“人物　状态”——人物、关注、艺坛

“典藏　知识”——珍品、论坛、金石、鉴定、赏析、地域、海外、说艺

“艺术　生活”——文玩、生活、行旅、边写边唱、影像

“资讯　市场”——微言、巡礼、市场

（资料来源于荣宝斋官网）

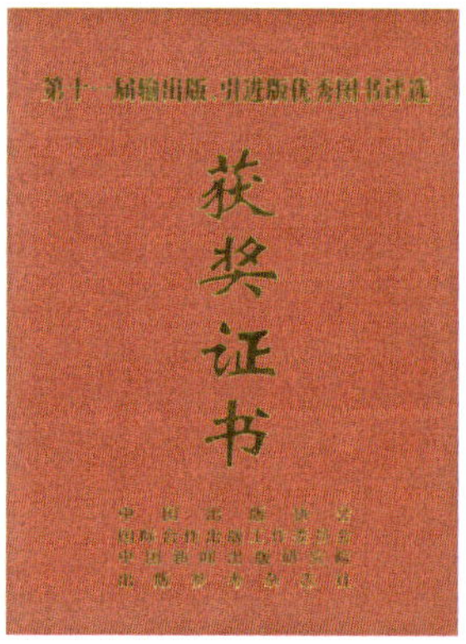

第十一届输出版、引进版优秀图书评选

获奖证书

中国出版协会
国际合作出版工作委员会
中国新闻出版研究院
出版参考杂志社

获奖证书

荣宝斋出版社：

贵社出版的“荣宝斋珍藏”丛书（2册））

荣获2011年度输出版优秀图书奖。

特颁此证，以资鼓励。

中国出版协会
国际合作出版工作委员会
中国新闻出版研究院
出版参考杂志社
2012年8月

《荣宝斋珍藏》丛书（2册）

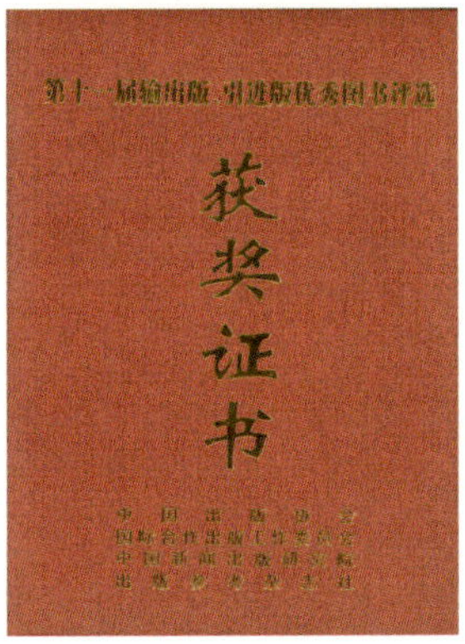

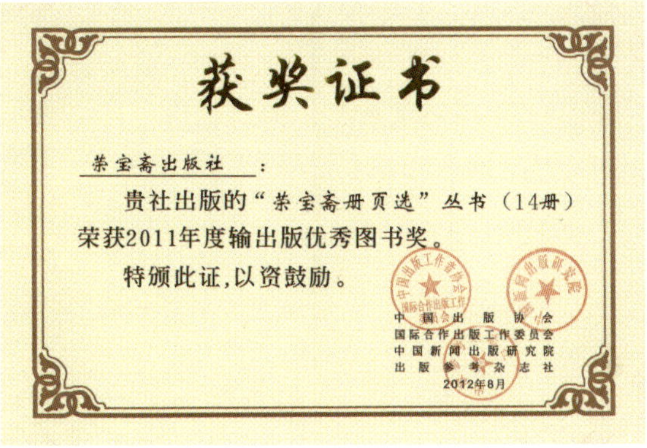

获奖证书

荣宝斋出版社：

贵社出版的“荣宝斋册页选”丛书（14册）

荣获2011年度输出版优秀图书奖。

特颁此证，以资鼓励。

中国出版协会

国际合作出版工作委员会

中国新闻出版研究院

出版参考杂志社

2012年8月

《荣宝斋册页选》丛书（14册）

От издательства «Жунбаочжай»

Целый мир в миниатюре Тан Хуэй

Художественные альбомы появились в эпоху Тан, а их расцвет
д. Их также называли
ными листами. В них
совки, письма, круглые
предметами искусства.
нные сборники, состав-
е они и стали художе-
лиграфии, которые мы

очили лучшие произве-
зличных эпох, собран-
через умелые руки
ец стали доступны чи-
кай" — это не просто
с произведениями жи-
чными формами. В них
за век существования
занимает почетное ме-
представителе «школы
дожнике «школы Гушу»[2]
нце эпохи Мин–начале
[3] У Шисянь и ученый-
ь, один из «восьми ян-
онами, но не менее та-
ные в альбомах работы
время мэтрами Шанхай-
лучшими представителя-
Биньхуном и Ци Бай-
айского мира искусства.
основных направлениях
до настоящего времени.
видите, как развивались

张大千《九歌图册》（俄语版）

黄宾虹《设色山水册》（俄语版）

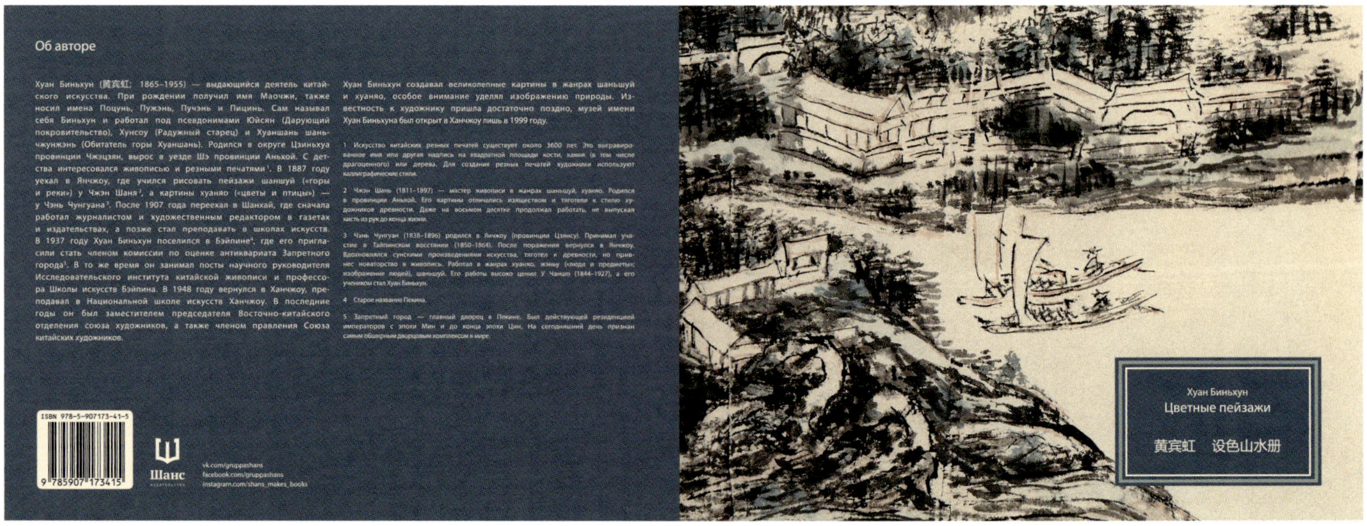

«ЧЫГЫШ АДАБИЯТЫ ЖАНА ИСКУССТВОСУ» БАСМА КОМПАНИЯСЫ

Роң Баожай сүрөттөр жыйнагы

Жаң Дачиен

«ТОГУЗ САЛТАНАТ ЫРЫ» СҮРӨТТӨРҮ

张大千

藏册页
张大千九歌图册
荣寶齋出版社

БИШКЕК – 2020

УДК 75/76
ББК 85.15
Ж 32

B&R Book Program

Жаң Дачиен
Ж 32 **«Тогуз салтанат ыры» сүрөттөрү** /荣宝斋藏册页 · 张大千九歌图册/ Кытай тил. котор. Г. Кеңешова. – Б.: 2020. – 30 б.,
Роң Баожай сүрөттөр жыйнагы

ISBN 978-9967-9261-2-7

《荣宝斋藏册页 张大千九歌图册》（吉尔吉斯语版）

Шанс
ИЗДАТЕЛЬСТВО

ПОЧТОВАЯ КАРТОЧКА

明信片

№1. Котик по кличке Миндаль (1) / *фрагмент*

Издательство "Шанс"
Отпечатано в России.
Обязательной сертификации не подлежит. 12+

《中国当代画家作品集 贾田雪》明信片（俄语版）

《荣宝斋藏册页 齐白石花果鸟虫册》(吉尔吉斯语版)

中华人民共和国中央人民政府

The Central People's Government of the People's Republic of China

网站首页 | 今日中国 | 中国概况 | 法律法规 | 公文公报 | 政务互动 | 政府建设 | 工作动态 | 人事任免 | 新闻发布

当前位置：首页>> 企业>> 行业数据

2011-2012年度国家文化出口重点企业和重点项目目录

中央政府门户网站 www.gov.cn 2012年09月21日 来源：商务部网站

【字体：大 中 小】 打印本页 关闭窗口

商务部、中宣部、财政部、文化部、广电总局和新闻出版总署公告

2012年第57号

为鼓励和支持我国文化企业参与国际竞争，扩大文化产品和服务出口，推动中华文化“走出去”，根据《文化产品和服务出口指导目录》（商务部、中宣部、外交部、财政部、文化部、海关总署、税务总局、广电总局、新闻出版总署、国务院新闻办公告2012年第3号），经各地组织申报、相关部门评审，商务部、中宣部、财政部、文化部、广电总局和新闻出版总署共同认定了2011-2012年度国家文化出口重点企业和2011-2012年度国家文化出口重点项目，现予以公布。

附件：1、2011-2012年度国家文化出口重点企业目录

2、2011-2012年度国家文化出口重点项目目录

中华人民共和国商务部

中 共 中 央 宣 传 部

中华人民共和国财政部

中华人民共和国文化部

国家广播电影电视总局

截图(Alt + A)

国家新闻出版总署

2012年9月18日

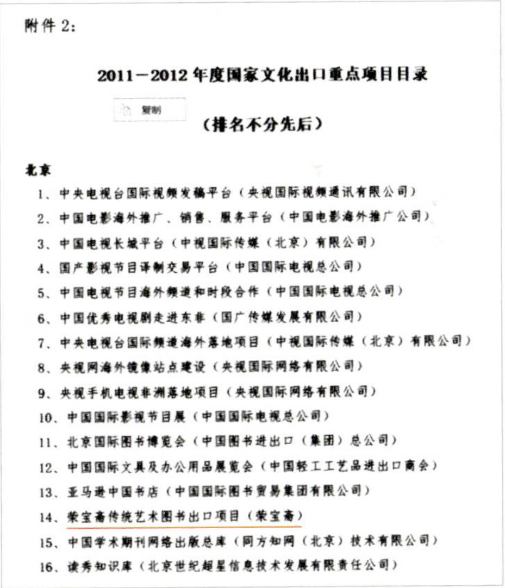

附件2:

2011－2012年度国家文化出口重点项目目录

复制

（排名不分先后）

北京

1、中央电视台国际视频发稿平台（央视国际视频通讯有限公司）
2、中国电影海外推广、销售、服务平台（中国电影海外推广公司）
3、中国电视长城平台（中视国际传媒（北京）有限公司）
4、国产影视节目译制交易平台（中国国际电视总公司）
5、中国电视节目海外频道和时段合作（中国国际电视总公司）
6、中国优秀电视剧走进东非（国广传媒发展有限公司）
7、中央电视台国际频道海外落地项目（中视国际传媒（北京）有限公司）
8、央视网海外镜像站点建设（央视国际网络有限公司）
9、央视手机电视非洲落地项目（央视国际网络有限公司）
10、中国国际影视节目展（中国国际电视总公司）
11、北京国际图书博览会（中国图书进出口（集团）总公司）
12、中国国际文具及办公用品展览会（中国轻工工艺品进出口商会）
13、亚马逊中国书店（中国国际图书贸易集团有限公司）
14、荣宝斋传统艺术图书出口项目（荣宝斋）
15、中国学术期刊网络出版总库（同方知网（北京）技术有限公司）
16、读秀知识库（北京世纪超星信息技术发展有限责任公司）

《荣宝斋传统艺术图书出口项目——荣宝斋》

2013

2月

《中国印论类编》（上、下）获第三届中国出版政府奖图书奖提名奖、第四届中华优秀出版物图书提名奖、中国出版集团公司2012年度出版特别贡献奖。

7月

《老一辈革命家书法艺术精选》获第六届中国出版集团公司出版奖综合奖，《水墨阿尔卑斯 中国当代国画精品展作品集》获优秀设计奖，《龙尾石谱》获优秀校对奖。

《百年雄才》获第六届中国出版集团公司出版奖优秀印制奖。

8月

《永恒的三峡记忆 伍必端写生画集》获2012年度输出版优秀图书奖。

9月

《百年雄才》获第二十二届“金牛杯”优秀美术图书评奖金奖，《永恒的三峡记忆 伍必端写生画集》《清代笔记日记绘画史料汇编》获铜奖。

《阿诗玛》（木版水印）获第三届中国出版政府奖印刷复制奖提名奖，荣宝斋获第三届中国出版政府奖先进出版单位奖。

《鉴赏名家说收藏》（10册）、《墨花墨禽》（4册）获中国出版集团公司图书出版专项资金资助。

黄惇/編著

中國印論類編

修訂版

（下卷）

國家「十一五」規劃重點圖書出版項目
全國藝術學科「十五」規劃課題
國家古籍整理出版專項經費資助項目
中國出版集團學術著作出版資助項目

《中国印论类编》（上、下）

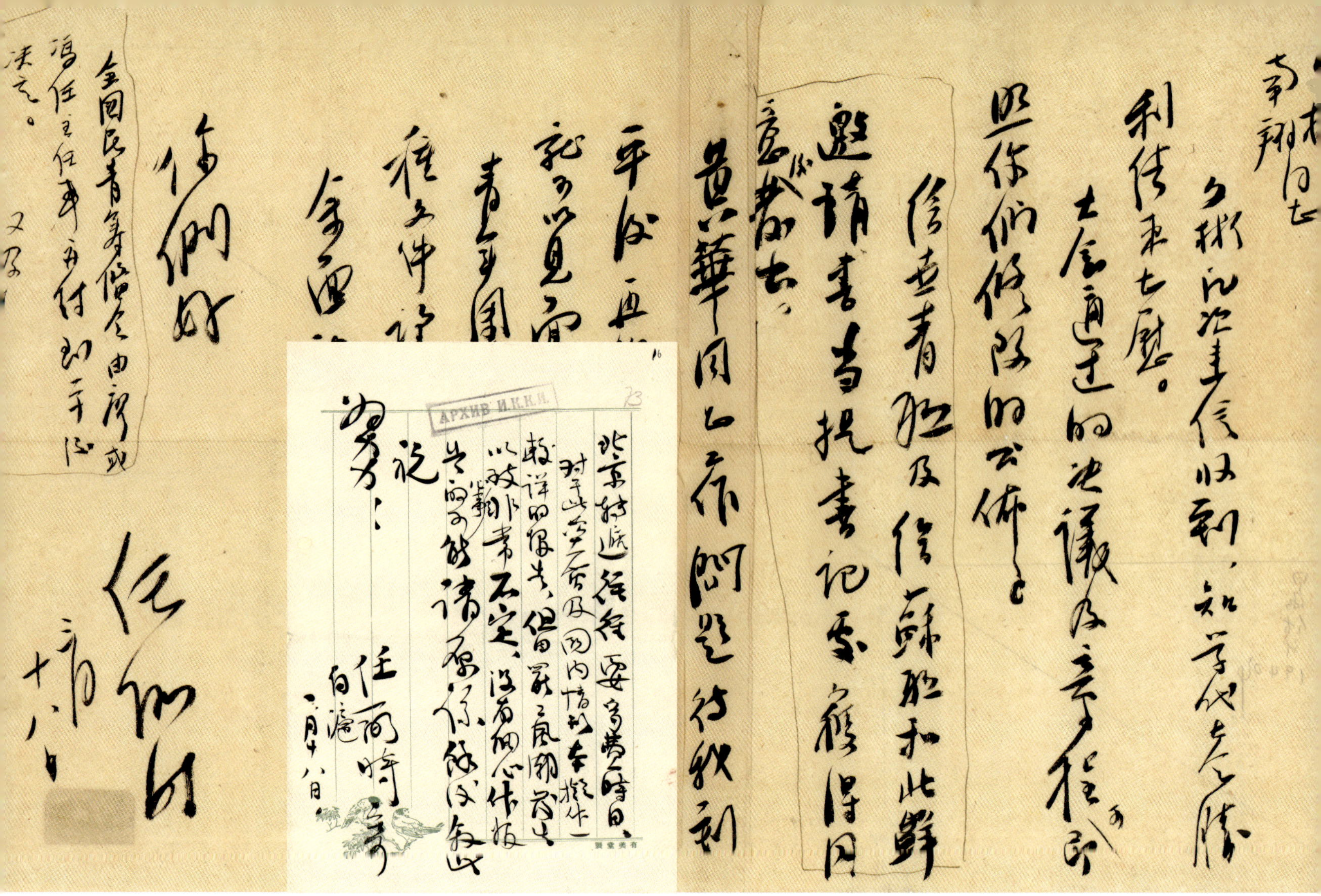

任弼时书信手稿

《老一辈革命家书法艺术精选》

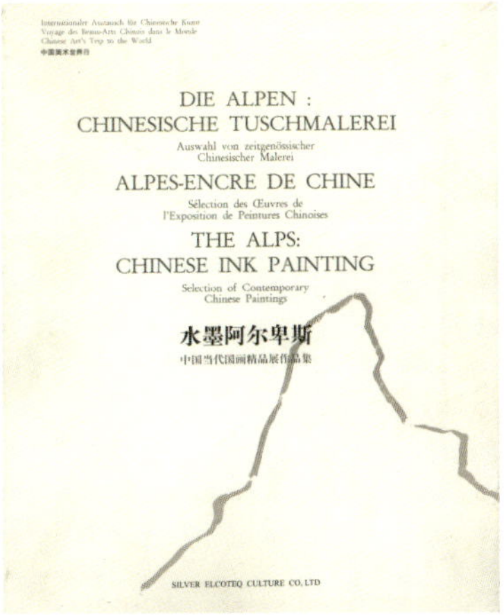

《水墨阿尔卑斯 中国当代国画精品展作品集》

选自《水墨阿尔卑斯 中国当代国画精品展作品集》

选自《龙尾石谱》

第六届中国出版集团公司
出版奖·优秀印制奖
获奖出版物
荣宝斋出版社
《百年雄才》
二〇一三年

百年雄才
(六) 黎雄才书法卷
(五) 黎雄才花鸟鱼虫树石卷
(四) 黎雄才写生卷下
(三) 黎雄才写生卷上
(二) 黎雄才山水卷下
(一) 黎雄才山水卷上

《百年雄才》

百年雄才
(六) 黎雄才书法卷
(五) 黎雄才花鸟鱼虫树石卷
(四) 黎雄才写生卷下
(三) 黎雄才写生卷上
(二) 黎雄才山水卷下
(一) 黎雄才山水卷上

《百年雄才》内页

《永恒的三峡记忆——伍必端写生画集》

《阿诗玛》（木版水印）

中国出版政府奖
先进出版单位
国家新闻出版广电总局
二〇一三年十二月
中华人民共和国
国家新闻出版广电总局

2014

2月

《中国印论类编》（上、下）获中国出版集团公司2013年度出版特别贡献奖。

9月

《毛泽东书法选》（甲编上下、乙编）获第二十三届“金牛杯”优秀美术图书评奖金奖，《中国古代毛笔研究》《新出汉晋简牍及书刻研究》获铜奖。

《荣宝斋国画技法丛书》（3册）入选首届向全国老年人推荐优秀出版物。

12月

《中国传统绘画撷珍》系列获2014年中国出版集团公司青年创新项目，入选北京市2014年重点图书选题。

《荣宝斋藏册页》入选2014年“两个工程”推荐图书。

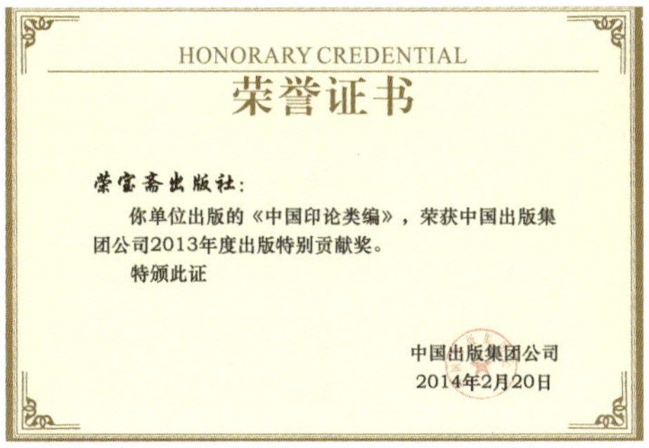

《中国印论类编》证书

《荣宝斋国画技法丛书》（3册）证书

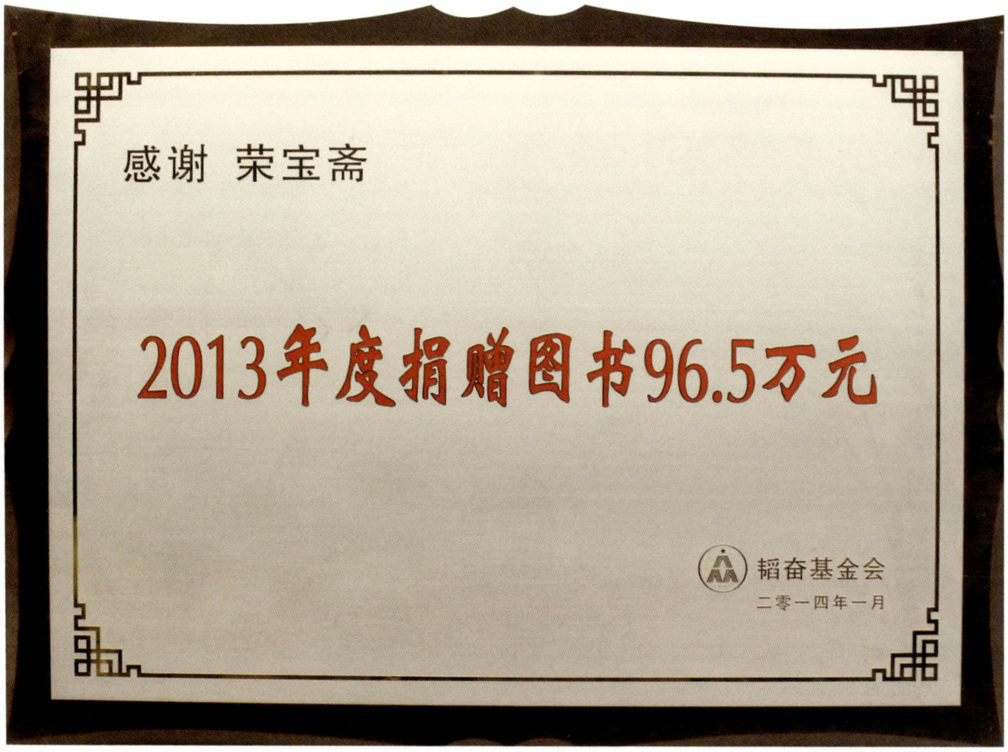

2013年度捐赠图书奖牌

选自《中国古代毛笔研究》

黄鼠狼尾毛

狼毫

家猪鬃

野猪鬃

石獾标本

黑湘妃竹

极品湘妃竹

马毛

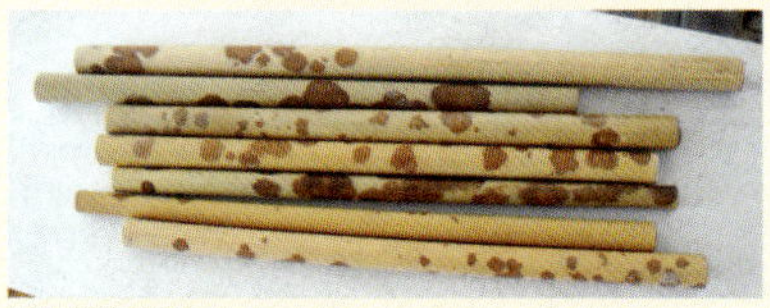
红湘妃斑竹（福建）

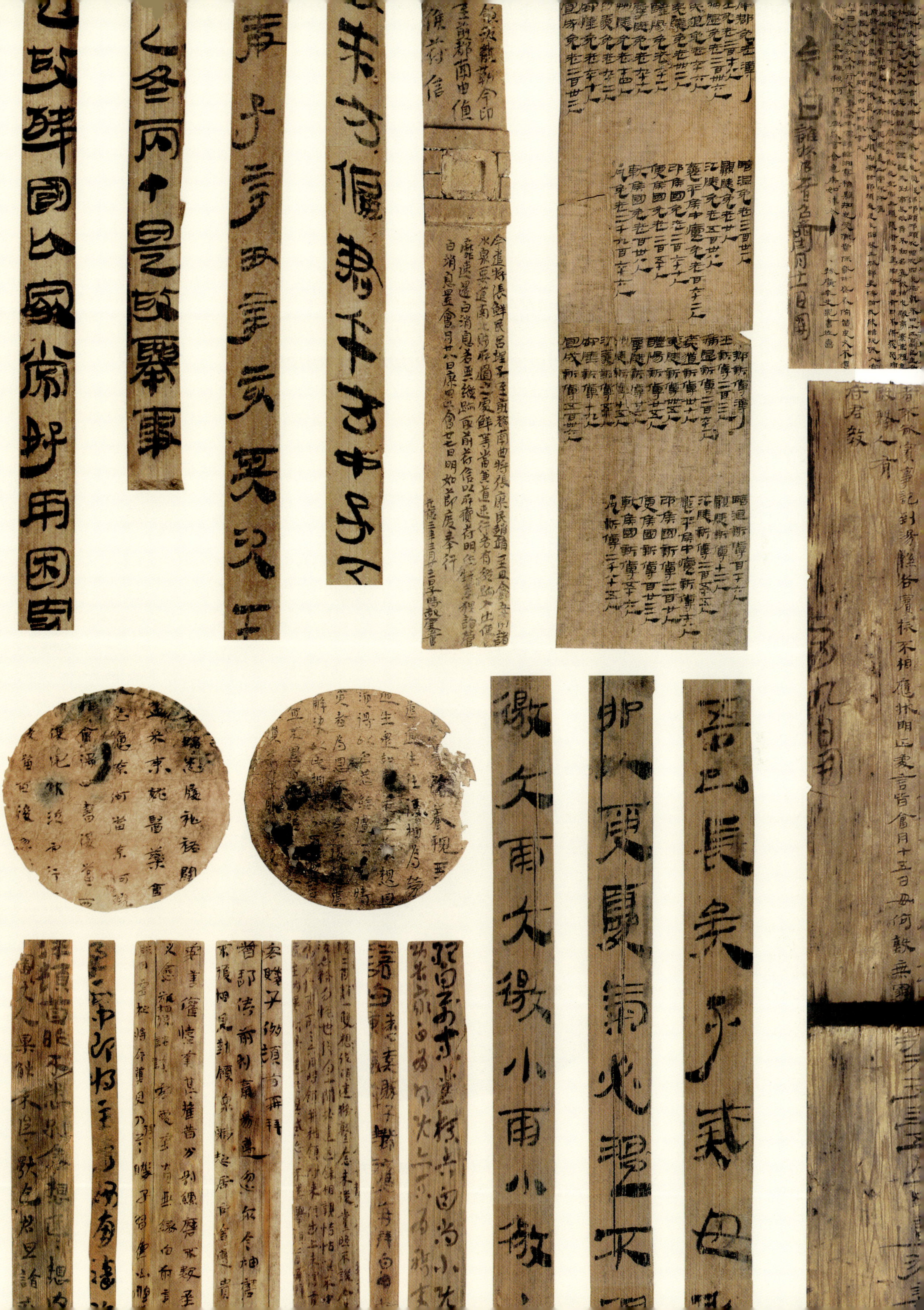

选自《新出汉晋简牍及书刻研究》

中国传统绘画撷珍

The Preface for Traditional Chinese Painting Series

作为中国绘画的三大门类之一的花鸟画，从唐代至今已经传承了千余年。每个时期的花鸟画的风格和样貌都有时代的特征。宋代是花鸟画发展的一个高峰，在这个时期的花鸟画的发展中，一方面院体花鸟画不断发展，另一方面文人的参与使得写意花鸟画也取得了很大的成就。宋代花鸟画中的审美意蕴受到当时诗词美学与理学之影响，花鸟画中的审美趣味开始逐渐变化，五代至两宋时期花鸟画中蕴含华美绮丽的富贵气息，至北宋中后期花鸟画风的变革，院体花鸟画表现出自然平淡的生命气息，文人画写意花鸟画中表现出人格精神的美，引起人们审美观念和美学理想的转变。

《菊丛飞蝶》（选自《中国传统绘画撷珍》）

Chinese paintings are well-established and spectacular,
standing history. As early as over 1500 years ago, in the
Southern and Northern Dynasties, there emerged many g
including Gu Kaizhi, Lu Tanwui, Cao Buxing and Zhang Se
rich variety of paintings, calligraphy works as well as theories.
and Song Dynasties, with social stability, economic prosperi
and frequent Sino-foreign cultural exchanges, Chinese paint
ed a picture of prosperity and resplendence. Figure paintin
tounding advances including those from Wu Daozi and Yan
scape paintings as well as bird-and-flower paintings blossom
splendor including those from Wang Wei, Jing Hao, Guan
Yuan, Ju Ran and Zhao Ji; horse paintings and ruler painting
including those from Zhang Xuan and Zhang Zeduan, a
the stars of heaven throughout the history. Since the begin
Dynasty, scholar-bureaucrats created paintings with their e
spirit and mettle, which enriched the connotation of Chine
The works of Zhao Mengfu, Huang Gongwang, Wang Meng
became the mark of the peak of literati paintings. Literati pai
from Yuan Dynasty, while there were still many great paint
and Qing Dynasties. The paintings by Shen Zhou, Wen
Dong Qichang, Chen Chun, Xu Wei, Chen Hongshou, B
and Shi Tao are novel, original, inimitable, magnificent and
which have been widely acclaimed as the peak of perfection
erations.

Now, the tendency of multi-cultural integration emer
paintings, on the basis of inheriting the tradition, are const
cupied with foreign cultures and tend to be diversified in
form, showing a picture of prosperity in Chinese art histor
hundred flowers in bloom. Chinese paintings have already f
own styles and cultural traditions. With the change of times,
ance of Chinese paintings is changing, but the spirit will al
the same. The inheritance of education of Chinese paintings
on the teaching and demonstration by teachers and the imita
der painting and manuscripts. Well-printed transcriptions ca
learn and experience the delicacy and charm of pen and in
valuable materials to explore the essence of Chinese painting
we edit the Traditional Chinese Painting Series meticulo
them by age, painters, painting themes, styles and skills and b
masterpieces widespread in the history into a book, in large p
with exquisite full color printing, to provide the next first-cl
models for art lovers at both home and abroad. We believe
deeply appreciate and taste the broadness and profoundness
nese paintings with careful comprehension.

《中国传统绘画撷珍》内页

Collection of Traditional Chinese Paintings – Ancient Part

title: A Parrot in Pear Flowers
artist: Anonymous
sorks material: Ink and color on silk
size: 27.6cm×27.6cm

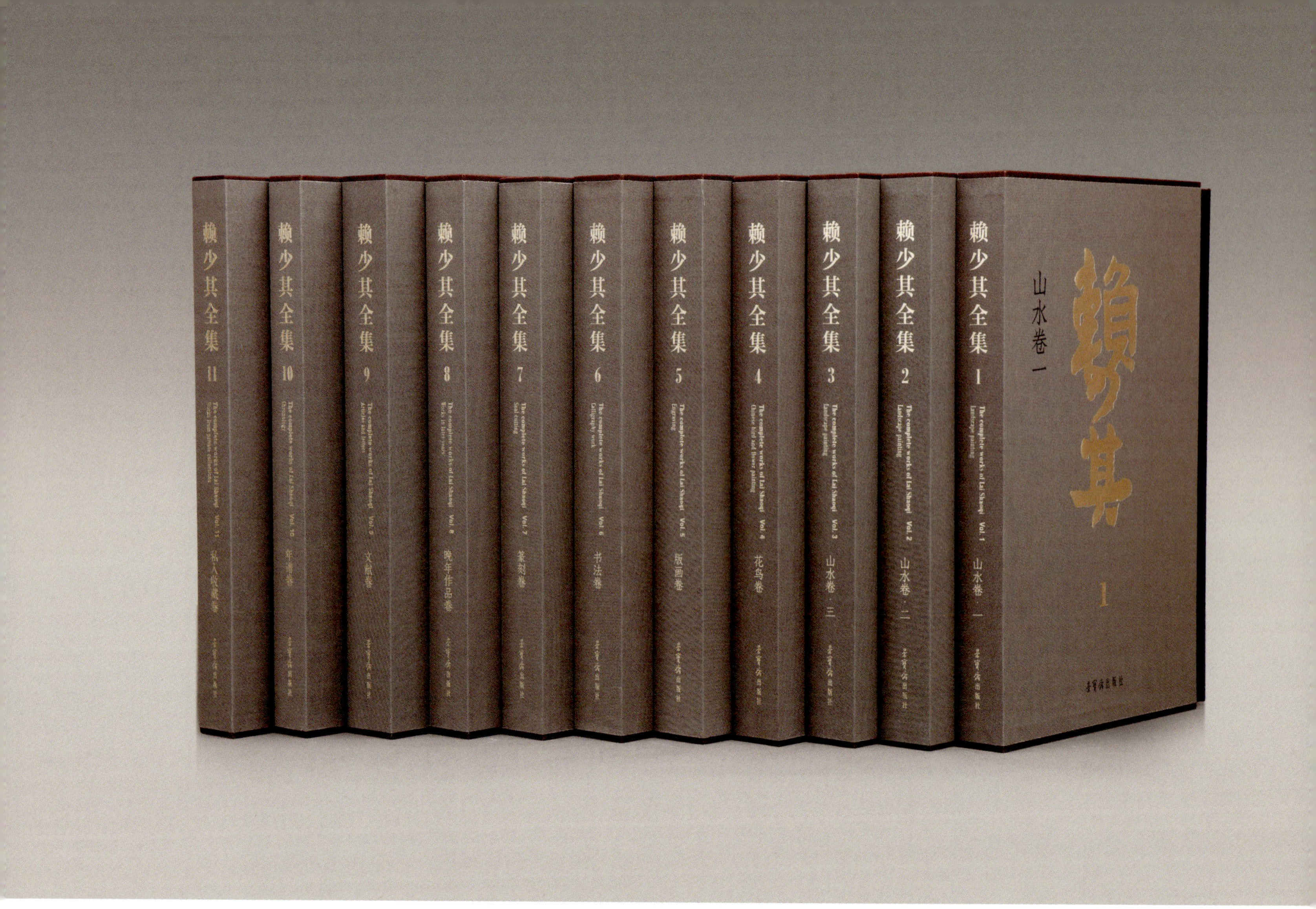

《赖少其全集》

赖少其 1915—2000

生于广东省普宁市。版画家、国画家、书法家、篆刻家和作家、诗人。第一届全国政协、第三届全国人大代表，第六届、第七届全国政协委员，安徽省第五届政协副主席；历任中国美协和中国书协常务理事、中国版协副主席、中国文联和作协成员、西泠印社第二届理事等。

选自《赖少其全集》

2015

《荣宝斋》《艺术品》期刊获评2015中国最美期刊。

《墨花墨禽》（4卷）获第二十四届“金牛杯”优秀美术图书评奖金奖，《中国画史精粹 贞松永茂巨册》《历代大家书千古绝唱》获铜奖。

《毛泽东书法选》《荣宝斋藏册页系列》获第七届中国出版集团公司出版奖。

《墨花墨禽》（4卷）、《荣宝斋藏册页》《读懂大师：中国历代书画家的传奇故事》《邓小平书法选》《当代中国写意篆刻研究展作品集》获评2015年度中版好书。

荣宝斋获中国印刷技术协会“印刷技术奖”。

《中国历代书法图鉴》（10卷）、《赖少其全集》获中国出版集团公司图书出版专项资金资助。

《荣宝斋珍藏7 齐白石》入选2015年“图书版权输出奖励计划”重点奖励项目，《荣宝斋画谱 古代部分》（山水2册）入选普通奖励项目。

2015 CROSS-STRAIT BOOK DESIGN CONTEST

2015海峡两岸书籍装帧设计邀请赛

CERTIFICATE

获奖证书

尊敬的 荣宝斋出版社

由贵单位选送的作品 《墨花墨禽》（四卷） 在2015海峡两岸书籍装帧设计邀请赛中，荣获“优秀奖”。

特发此证，以资鼓励！

2015海峡两岸书籍装帧设计邀请赛组委会

二〇一五年八月

《墨花墨禽》（四卷）获奖证书

选自《墨花墨禽》（四卷）

选自《墨花墨禽 兰》

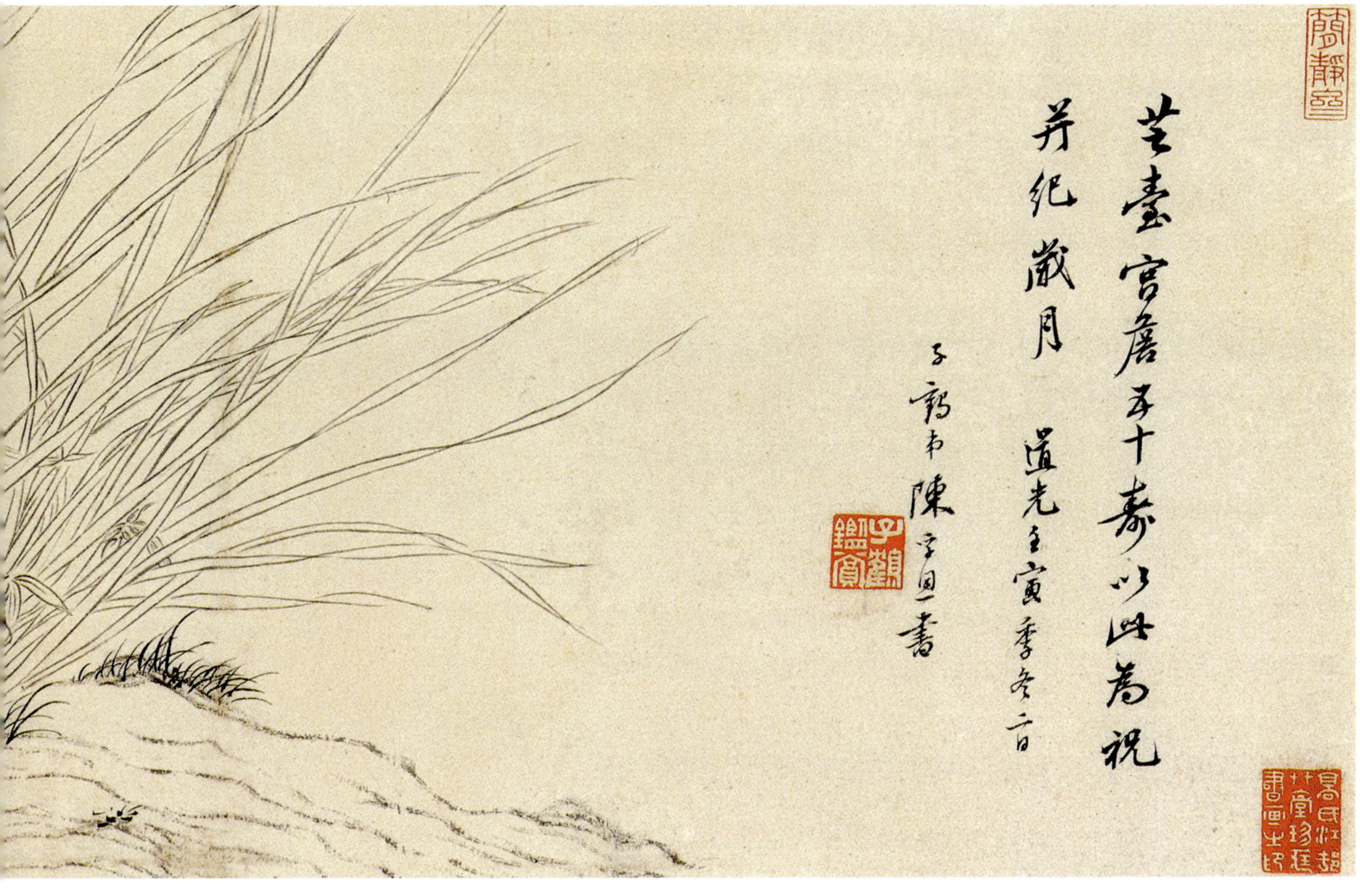

2016

王登科任《艺术品》期刊主编。

1月

《中国书法章法研究》入选中国出版集团公司“中版好书”2015年度榜。

5月

《黄宾虹文集全编》（7册）、《张大千全集》入选“十三五”国家重点图书规划项目。

6月

《黄宾虹文集全编》《张大千全集》《历代画谱类编》入选中国出版集团公司“十三五”规划重点图书项目。

《陈云书法选》《朱德书法选》入选中国出版集团公司2016主题出版重点出版物。

《荣宝斋》《艺术品》期刊获评2016年中国最美期刊。

8月

《陈云书法选》获第二十五届“金牛杯”优秀美术图书评奖金奖，《荣宝斋藏册页》获银奖，《秦汉简牍具名与书手研究》获铜奖，《岭上云 荣宝斋当代篆刻名家邀请展作品集》获优秀装帧设计奖。

11月

荣宝斋出版社获评中国版权最具影响力企业。

《黄宾虹文集全编》获中国出版集团公司图书出版专项资金资助。

《荣宝斋画谱 古代部分》获“中国图书对外推广计划”翻译资助。

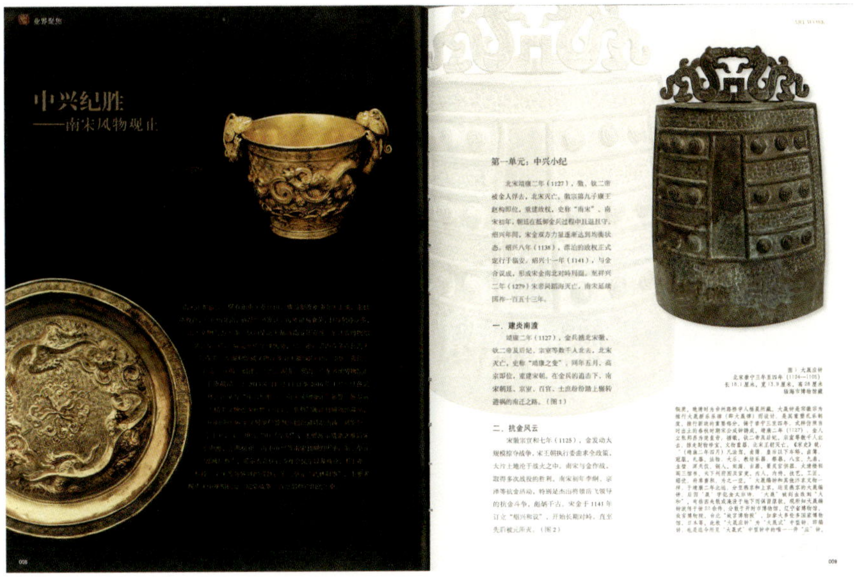

书画篆刻

甚至恐惧、孤独、绝望。严谨了一辈子的赖少其猛然间把“弦儿”一松，进入梦一般的无限亢奋之中，于是我们便看到了人性的焰火，或者说耀眼的人性、痛快淋漓的升腾，各种元素在新的意识当中归纳重组，乱而不乱，因为似乎总有一个时隐时现的“主题”在背后统领着，控制着这场“变奏”与“和声”。虽然那么与众不同，我们却能感受到共通与共鸣，读画时心跳加快，激动不已。他迈入了艺术的“大道”。

赖少其曾言：

画的好坏，主要看……“意境”，景物能否吸引人，有没有寄托，能否画外有画。其次是笔墨是否超脱，有没有独特风格。①

我打了一个铁的对子：“笔墨须如铁，金石掷有声。”这是表现我所追求的画的风格。我企图把画、书法、金石都能像铁打的、掷到地上会发出声音来才好。这是一种追求的境界。②

赖少其　少年心事当拏云　82cm×74cm　1992 年

赖少其　花卉　41cm×51cm　1998 年

黄宾虹说：“作画不必太像。”

吴湖帆说：“树生来不是给你作画的。”

贺天健说：“黄山每片石便可以成为一个画派。”③

这是他的认识层次及追求目标。

在美术史的研究当中，我们在阐述一位画家的成就时，往往聚焦的是他“构建”了什么，比如论及赖少其晚年的艺术成就，必言其清醒的文化前卫意识，深入钻研传统后借鉴吸收西方现代主义，由西返中，进而兼济中西，将中国画的沉厚笔线与印象主义灿烂的色彩经验融为一体，将传统赋予新的内涵，为现代中国画艺术中的文化折中主义开拓了更为广阔的前景。的确，赖少其青少年时期学习的是西画，他的作品中，尤其是“丙寅变法”之后的山水画及 80 岁之后在病床上创作的作品，如果说这些中国的传统笔墨来自赖少其生命中的祖先记忆，那么印象派的激情则是时代赋予其作品的鲜活的生命。

印象派继承了西方古典主义绘画“再现”对象的传统，但抛弃了古典绘画中“再现”对象深层结构的理性成分，转而强调“再现”对象之于视觉的当下感觉。实际上，印象派认为画家“再现”自己眼睛看到的光与影是绘画的所有任务。因此，大多数印象派画家不再使用意大利文艺复兴时期以来形成的“再现”对象的知识体系，如透视法、解剖知识、明暗法等，很大程度上凭借受情感支配的视觉印象，甚至夸张色彩的纯度和亮度，改变或忽略对象的形体。赖少其在色彩

159

《艺术品》期刊

2017

徐鼎一任《荣宝斋》期刊执行主编。

荣宝斋出版社获评全国版权示范单位。

《历代画谱类编》石（1—3）、山水（1—18）获第二十六届“金牛杯”优秀美术图书评奖金奖，《朱德书法选》《萧朗书画大系》（第1卷）获铜奖。

《书画同源 八大山人》《华世翎光 田世光诞辰百年纪念画册》获第八届中国出版集团出版奖优秀印制奖。

《历代画谱类编 花鸟》（十二）

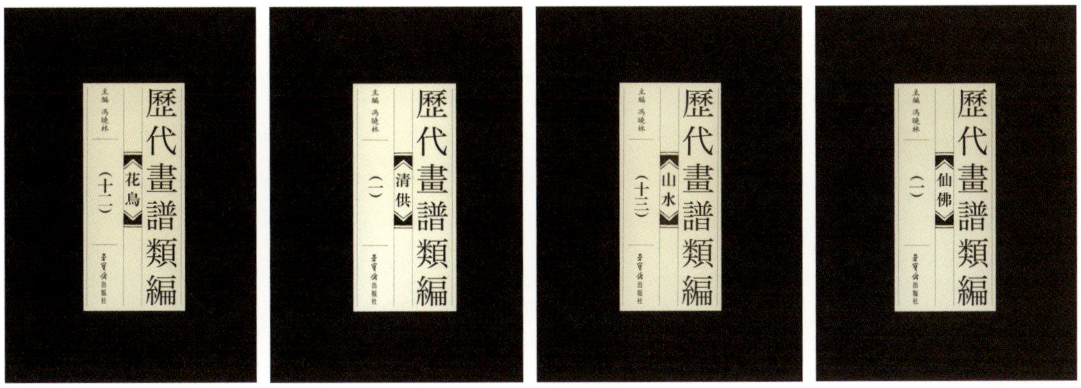

《历代画谱类编》封面、内页

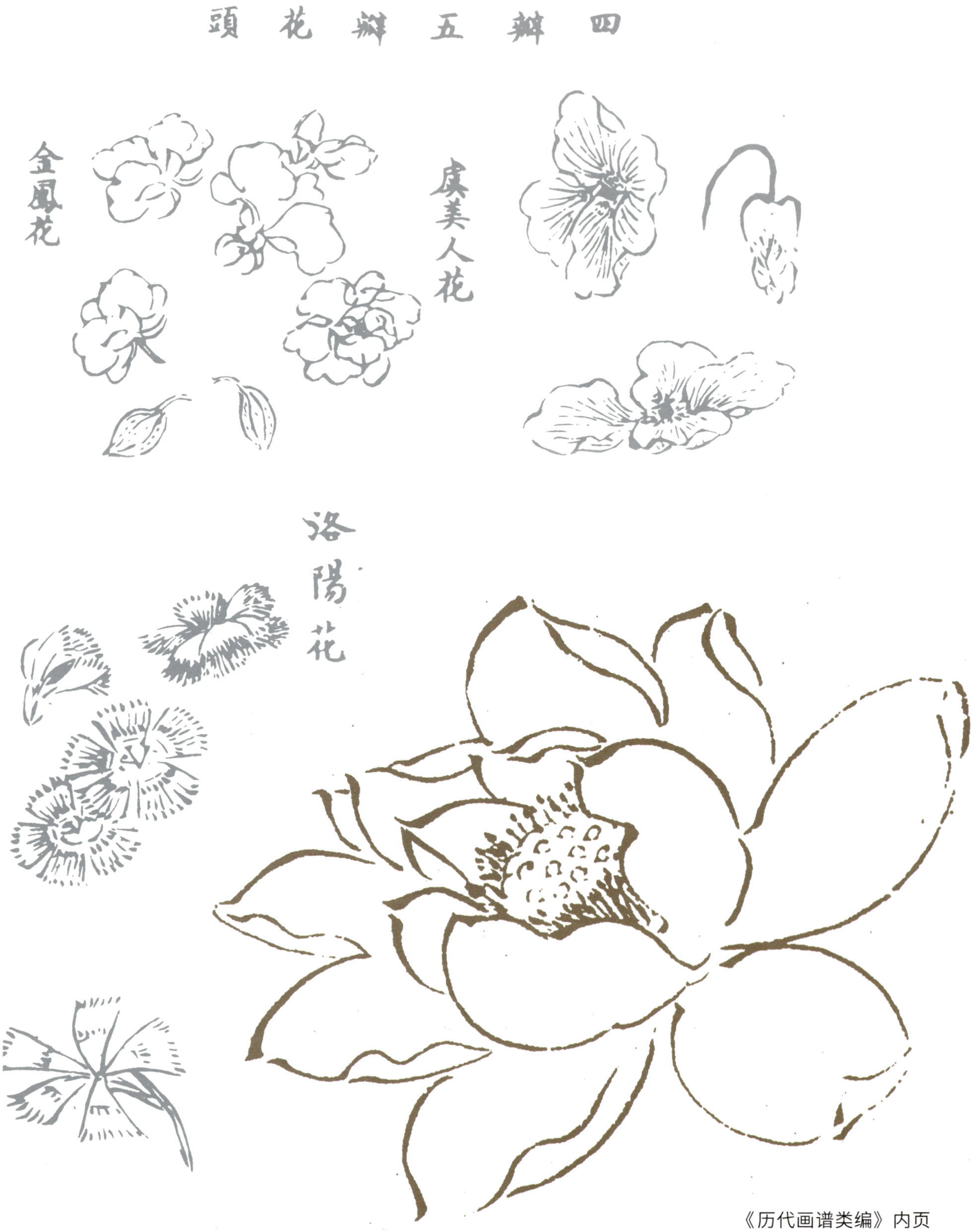

《历代画谱类编》内页

《历代画谱类编》内页

历代画谱类编

荣誉证书

荣宝斋出版社：

在2012-2016年度中国出版集团公司“走出去”工作中表现突出，荣获“走出去”综合排名第二名。

中国出版集团公司

二〇一七年十一月七日

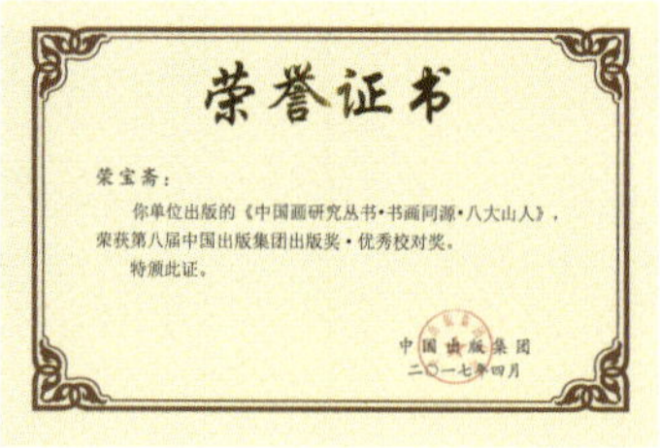

荣誉证书

荣宝斋：

你单位出版的《中国画研究丛书·书画同源·八大山人》，荣获第八届中国出版集团出版奖·优秀校对奖。

特颁此证。

中国出版集团

二〇一七年四月

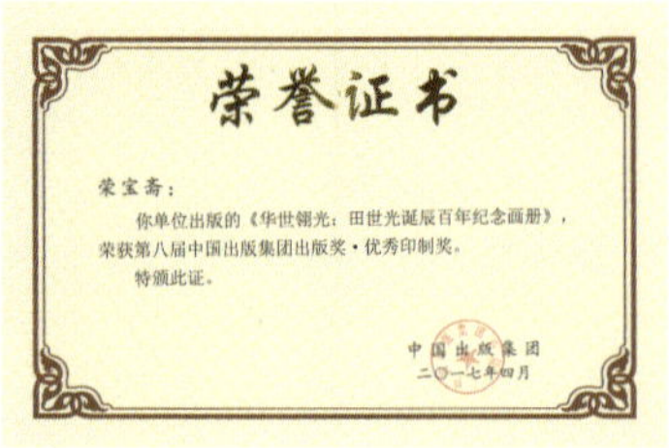

荣誉证书

荣宝斋：

你单位出版的《华世翎光：田世光诞辰百年纪念画册》，荣获第八届中国出版集团出版奖·优秀印制奖。

特颁此证。

中国出版集团

二〇一七年四月

荣誉证书

《书画同源》系列

书画同源——张大千
书画同源——文徵明
书画同源——倪　瓒
书画同源——李苦禅
书画同源——徐　渭
书画同源——陆俨少
书画同源——黄宾虹
书画同源——赖少其
书画同源——齐白石
书画同源——董其昌
书画同源——吴昌硕
书画同源——八大山人
书画同源——赵之谦
书画同源——潘天寿
书画同源——蒲　华

选自《书画同源 赵之谦》

选自《荣宝斋珍藏》

选自《书画同源》系列

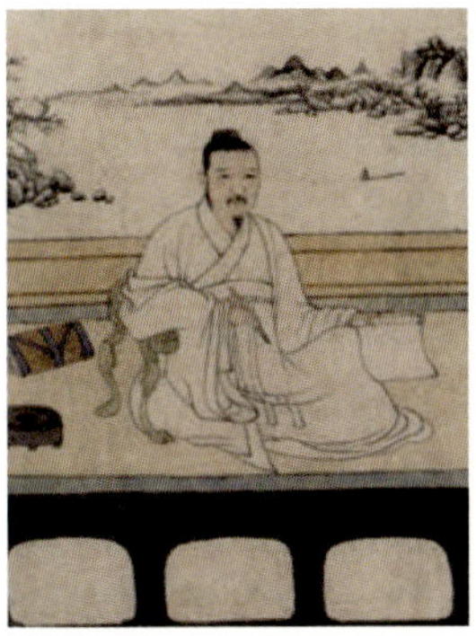
倪瓒

文徵明

徐渭

董其昌

八大山人

吴昌硕

齐白石

黄宾虹

张大千

李苦禅

陆俨少

赖少其

榮寶齋出版社

再創煇煌

再创辉煌

2018

2018年8月，崔伟任荣宝斋出版社社长。

3月，《荣宝斋系列水墨画册》(俄文版)获第27届俄罗斯国家级优秀图书奖。

《荣宝斋》《艺术品》期刊获评2018年中国最美期刊。

7月，《荣宝斋画谱 古代部分》(6册)入选第十七届优秀输出版图书。

9月，《寸耕堂砚丛》(上、下)获第二十七届"金牛杯"优秀美术图书评奖银奖，《宋代绘画发展史》《孙中山书法选》获铜奖。

10月，《荣宝斋画谱 古代部分 吴镇绘山水花卉》(俄文版)被评为2017年图书版权输出奖励计划重点奖励项目。

2019

9月20日，由中国出版集团有限公司主办、荣宝斋承办的"缅怀先辈 奋勇前行——《老一辈革命家书法选》系列丛书出版座谈会"在荣宝斋大厦举办。

《赖少其全集》获第二十八届"金牛杯"优秀美术图书评奖金奖，《黄宾虹文集全编》获银奖。

《寸耕堂铭砚题跋辑》获第九届中国出版集团公司出版奖优秀设计奖，《荣宝斋》期刊获期刊优秀设计奖。

《艺术品》期刊入选2019年北京国际图书博览会"庆祝中华人民共和国成立70周年精品期刊展"。

《藏杂 杂说——我与收藏的故事》获评2019年度中版好书年度优秀图书。

2020

5月27日，崔伟兼任荣宝斋出版社总编辑。

12月，《中国书法全集》国家出版基金资助项目结项。

《唐代绘画史》《刘少奇书法选》获第二十九届"金牛杯"优秀美术图书评奖银奖，《卿云五色 · 童衍方书云百题》《荣宝斋书法篆刻讲座 隶书》获铜奖。

《荣宝斋》期刊入选第27届北京国际图书博览会"2020中国精品期刊展"。

VR版《荣宝斋珍藏2》获中版集团第八届青年创新大赛二等奖，《荣宝斋图书名家分享会》获提名奖。

《历代草书名家名帖经典字例解析丛书》(12册)入选中国出版集团有限公司2020年度宣传文化发展专项资金资助项目。

《荣宝斋藏册页》(俄文版)被俄罗斯出版商协会评为2019年度艺术类最佳出版物。

2021

3月，荣宝斋出版社期刊中心成立，李向阳任期刊中心负责人兼《荣宝斋》期刊主编，唐昆任《艺术品》期刊执行主编。

4月，《历代画谱类编 山水（1—18）》获中国出版集团公司“镇社之宝”提名。

7月，《黄宾虹文集全编》获第五届中国出版政府奖图书奖提名奖。

《荣宝斋藏红色经典书画鉴赏百帧》入选“致敬中国共产党成立100周年”中版好书榜特榜。

9月，《荣宝斋》期刊获首届“方正电子”杯中国期刊设计艺术周优秀封面设计奖，入选第二十八届北京国际图书博览会（BIBF）“2021中国精品期刊展”。

《艺术品》期刊获首届“方正电子”杯中国期刊设计艺术周优秀封面设计奖、优秀版式设计奖，入选第二十八届北京国际图书博览会（BIBF）“2021中国精品期刊展”。

12月，《中国书论类编》《吴昌硕文集全编》入选“十四五”时期国家重点图书出版专项计划。

《黄宾虹年谱长编》入选中版好书榜2021年度榜。

《荣宝斋藏红色经典书画鉴赏百帧》获评2021年优秀主题出版项目。

《荣宝斋藏红色经典书画鉴赏百帧》（数字交互书）获中国出版集团有限公司第九届青年创新大赛三等奖。

《黄宾虹年谱长编》获第三十届“金牛杯”优秀美术图书评奖银奖，《马欣乐大唐盛景图卷》获装帧设计铜奖。

《黄宾虹文集全编》获中国出版集团公司2021年度出版特别贡献奖。

《艺术品》期刊由月刊变更为双月刊。

《荣宝斋》期刊出版200期。

2022

9月，刘蓓任荣宝斋出版社社长。

《荣宝斋350周年纪念文集》《墨彩华章——纪念荣宝斋350周年珍藏书画精品》《百花献瑞——纪念荣宝斋350周年当代名家邀请展作品集》《几案山林——纪念荣宝斋350周年珍藏文房集萃》出版。

《魏楷体系研究》（上、中、下）入选2022年度国家出版基金资助项目。

《黄宾虹文集全编》获第十届中国出版集团公司出版奖，《周恩来书法选》获优秀印制奖，

《荣宝斋》期刊获优秀报刊装帧设计奖。

《老一辈革命家诗词行草书集字帖》被评为2022年度中国出版集团公司优秀主题出版物。

《墨彩华章——纪念荣宝斋350周年珍藏书画精品》入选2022年中国出版集团公司年度中版好书榜。

《书法合体论》入选《书法》杂志2022年度书法好书榜。

10月30日，纪念侯恺同志百年诞辰，“侯恺铜像揭幕仪式暨《侯恺掌门荣宝斋》图书首发、纪录片首映座谈会”在山西省左权县举办。

12月8日，《2022中国图书海外馆藏影响力报告》发布，荣宝斋出版社数字出版物海外馆藏数量位列前十；纸质图书海外馆藏数量进入百强，排名第65位。

12月20日，《寸耕堂吉金题识》获第三十一届“金牛杯”优秀美术图书评奖装帧设计铜奖。

2023

4月28日，荣宝斋出版社30周年社庆。

2月25日，郑晓华《图形、技术、人文——郑晓华学术论文随笔集》《郑晓华翰墨中华系列 · 蒙学集萃》图书推介会举行。

5月17日，《荣宝斋画谱237 · 王雪涛绘花卉部分》入选“2022年向全国老年人推荐优秀出版物活动”推荐书目。

《带你读懂〈清明上河图〉》《带你读懂〈千里江山图〉》《带你读懂〈韩熙载夜宴图〉》《美术经典中的红色中国》入选国家新闻出版署《2023年农家书屋重点出版物推荐目录》。

《中国书画美学史》获第八届中华优秀出版物奖图书提名奖。

《艺术品》期刊更名为《美术创作研究》。

2018

3月，《荣宝斋系列水墨画册》（俄文版）获第27届俄罗斯国家级优秀图书奖。

《荣宝斋》《艺术品》期刊获评2018年中国最美期刊。

7月，《荣宝斋画谱　古代部分》（6册）入选第十七届优秀输出版图书。

9月，《寸耕堂砚丛》（上、下）获第二十七届“金牛杯”优秀美术图书评奖银奖，《宋代绘画发展史》《孙中山书法选》获铜奖。

10月，《荣宝斋画谱　古代部分　吴镇绘山水花卉》（俄文版）被评为2017年图书版权输出奖励计划重点奖励项目。

崔伟 1971年生

二〇〇二年毕业于首都师范大学中国书法文化研究所，受业于欧阳中石、刘守安等先生。现为荣宝斋画院教授、荣宝斋沈鹏诗书研究会秘书长、中国书法家协会理事、中国文艺评论家协会会员、中华诗词学会会员。

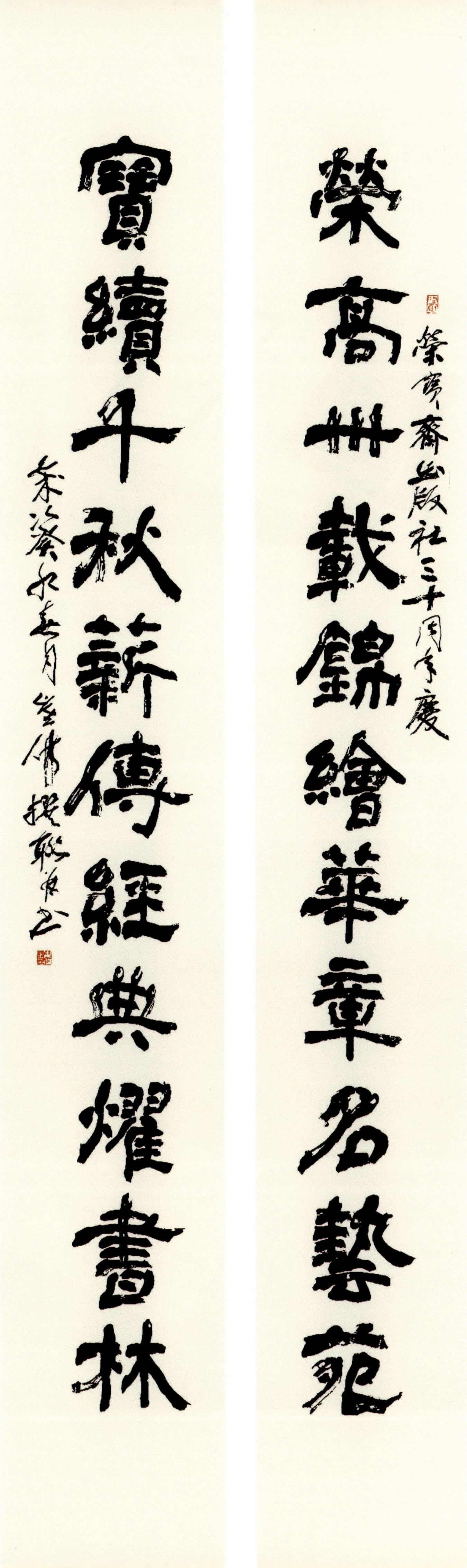

荣高宝续隶书自撰联

《寸耕堂砚丛》内页

《寸耕堂砚丛》（上、下）

王镛 1948年生

别署凸斋、寸耕堂主人。一九七九年考取中央美术学院中国画系李可染教授研究生，攻山水画和书法篆刻专业。一九八一年在研究生毕业展中获『叶浅予奖金』一等奖并留校执教。先后任书法研究室主任、中央美术学院教授、博士生导师、院学术委员会顾问，中国艺术研究院中国书法院院长、研究生院博士生导师，文化部优秀专家，文化部全国美术高级职称评审委员，李可染画院副院长等。

《寸耕堂砚丛》内页

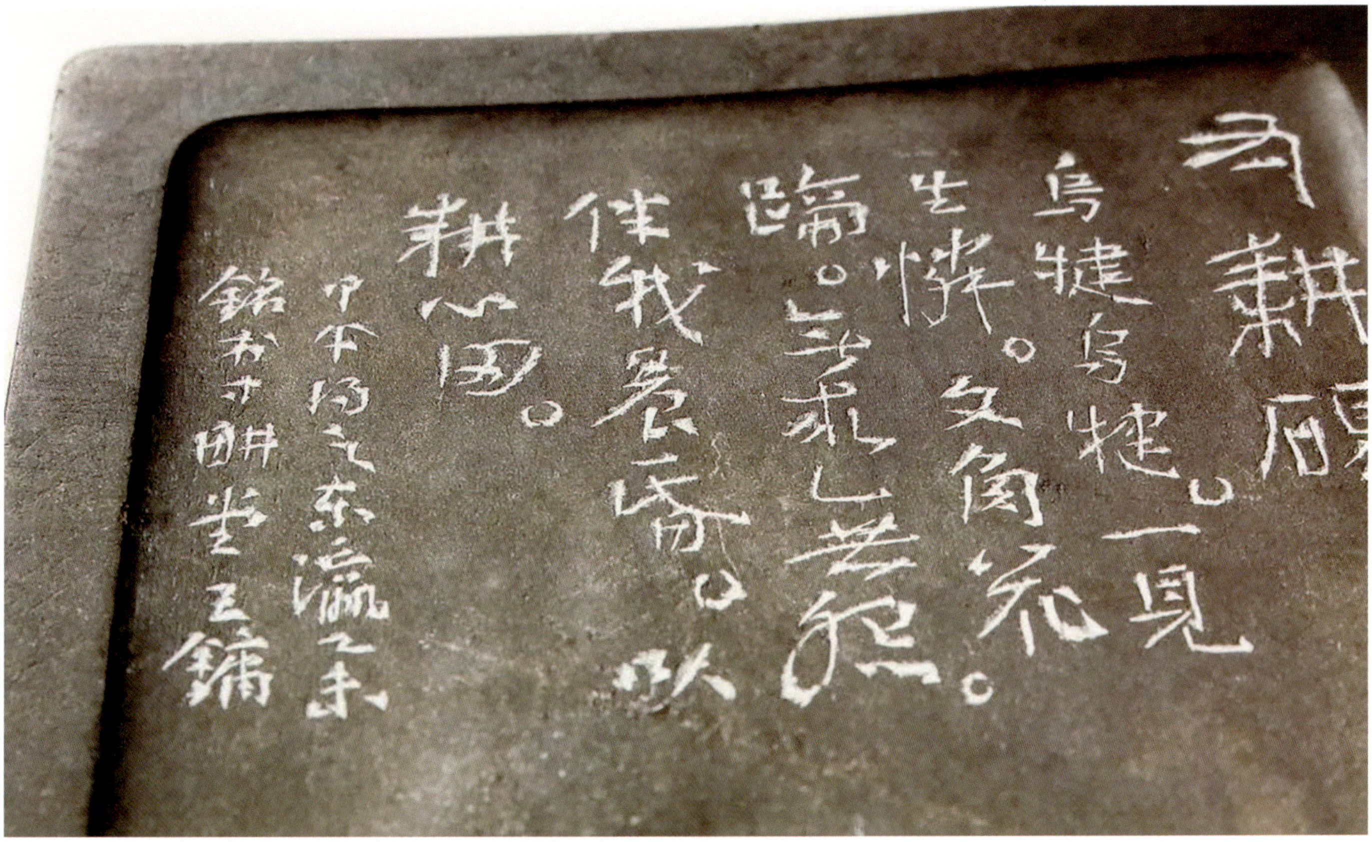

2019

9月20日，由中国出版集团有限公司主办、荣宝斋承办的“缅怀先辈 奋勇前行——《老一辈革命家书法选》系列丛书出版座谈会”在荣宝斋大厦举办。

《赖少其全集》获第二十八届“金牛杯”优秀美术图书评奖金奖，《黄宾虹文集全编》获银奖。

《寸耕堂铭砚题跋辑》获第九届中国出版集团公司出版奖优秀设计奖，《荣宝斋》期刊获期刊优秀设计奖。

《艺术品》期刊入选2019年北京国际图书博览会“庆祝中华人民共和国成立70周年精品期刊展”。

《藏杂 杂说——我与收藏的故事》获评2019年度中版好书年度优秀图书。

荣誉证书

荣宝斋出版社：

你单位出版的《宋代绘画发展史》，入选中国出版集团公司“中版好书”2018年度榜。

特颁此证，以资鼓励。

中国出版集团公司
二〇一九年一月

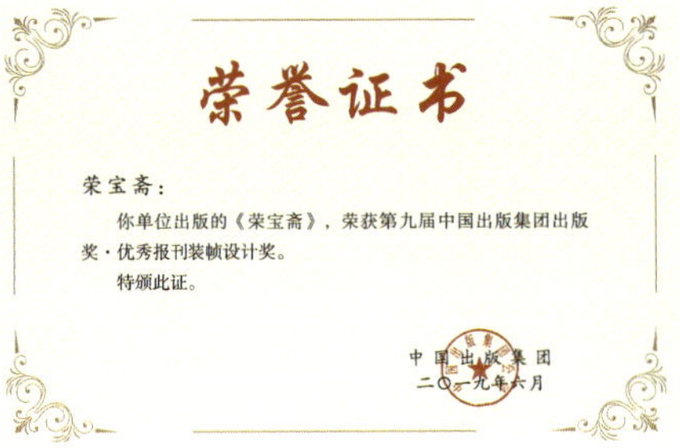

荣誉证书

荣宝斋：

你单位出版的《荣宝斋》，荣获第九届中国出版集团出版奖·优秀报刊装帧设计奖。

特颁此证。

中国出版集团
二〇一九年六月

荣誉证书

艺术品：

贵刊入选2019年北京国际图书博览会（BIBF）“庆祝中华人民共和国成立70周年精品期刊展”。

特发此证，以兹鼓励。

中国期刊协会
二〇一九年八月二十日

证书编号：2019CPAJP131

荣誉证书

2019年9月20日上午，由中国出版集团有限公司主办、荣宝斋承办的“缅怀先辈 奋勇前行——《老一辈革命家书法选》系列丛书出版座谈会”在荣宝斋大厦成功举办。部分老一辈革命家的后代及其身边工作人员，以及中宣部出版局、中共中央党史和文献研究院、中央档案馆国家档案局、中国出版集团公司、中国编辑学会、中国书法家协会等部门的领导和专家出席座谈会。《老一辈革命家书法选》系列丛书由中央档案馆编、荣宝斋出版社出版。此套丛书现已出版《毛泽东书法选》《周恩来书法选》《刘少奇书法选》《朱德书法选》《邓小平书法选》《陈云书法选》六种。毛泽东、周恩来、刘少奇、朱德、邓小平、陈云是中华人民共和国的开国元勋，是新中国成立后第一届中央领导集体的核心成员。他们在为中国人民谋幸福、为中华民族谋复兴、为人类进步事业而奋斗的光辉一生中建立的卓著功勋、展现的崇高风范，深深铭刻在人民心中。与此同时，他们在书法方面也都风神独具，体现了较深的造诣。

将老一辈革命家的书法艺术展示出来，就是让人们进一步了解到，中国革命之所以能够取得成功，社会主义事业之所以能够不断取得胜利，就是因为中国有这样一批杰出的革命领袖：他们胸怀天下、忠心为国，他们思想卓越、宏图大略，他们才华横溢、文采飞扬。今天，在建设新时代中国特色社会主义和实现中华民族伟大复兴的光辉征途之中，需要学习的东西还很多，继承和运用好老一辈革命家的思想文化遗产，仍然是一个常学常新的课题。一切有志于中华民族伟大复兴事业的人们，可以而且应该通过了解和研究老一辈革命家的书法艺术，去探求他们的思想轨迹，触摸他们的精神世界，感悟他们的人格魅力，汲取奋勇前行的鼓舞力量！

陳雲
書法選
Selected Calligraphy Works by Chen Yun
鄧小平
書法選
【甲编·下】
Selected Calligraphy Works by Mao Zedong
Part A II
【乙编】
Selected Calligraphy Works by Mao Zedong
Part B

劉少奇
書法選
周恩來
書法選
【甲编·上】
Selected Calligraphy Works by Mao
Part A I
毛澤東
書法選

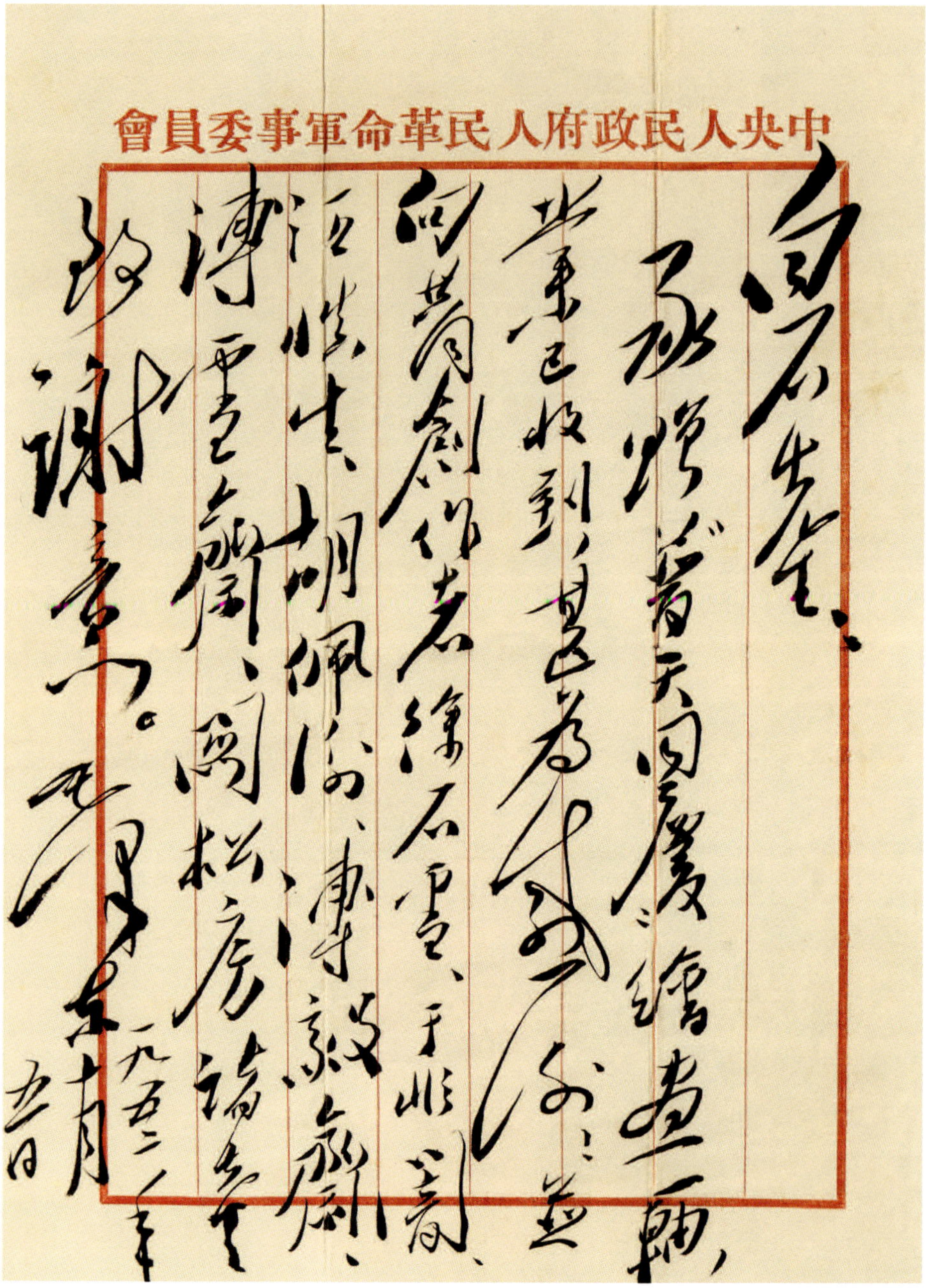
中央人民政府人民革命軍事委員會

白石先生：

承贈普天同慶繪畫一軸，業已收到，甚爲感謝，並向共同創作者徐石雪、于非闇、汪慎生、胡佩衡、陳半丁、溥雪齋、關松房諸先生致謝意。

毛澤東

一九五二年十月五日

毛泽东《致齐白石》（选自《毛泽东书法选》）

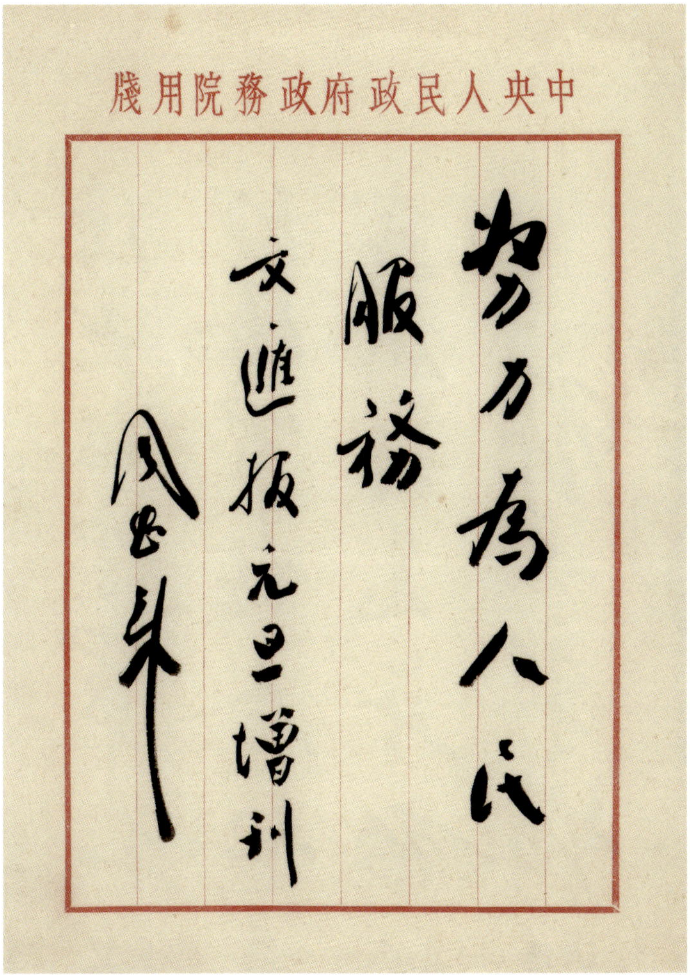

周恩来《〈文汇报〉元旦增刊题》

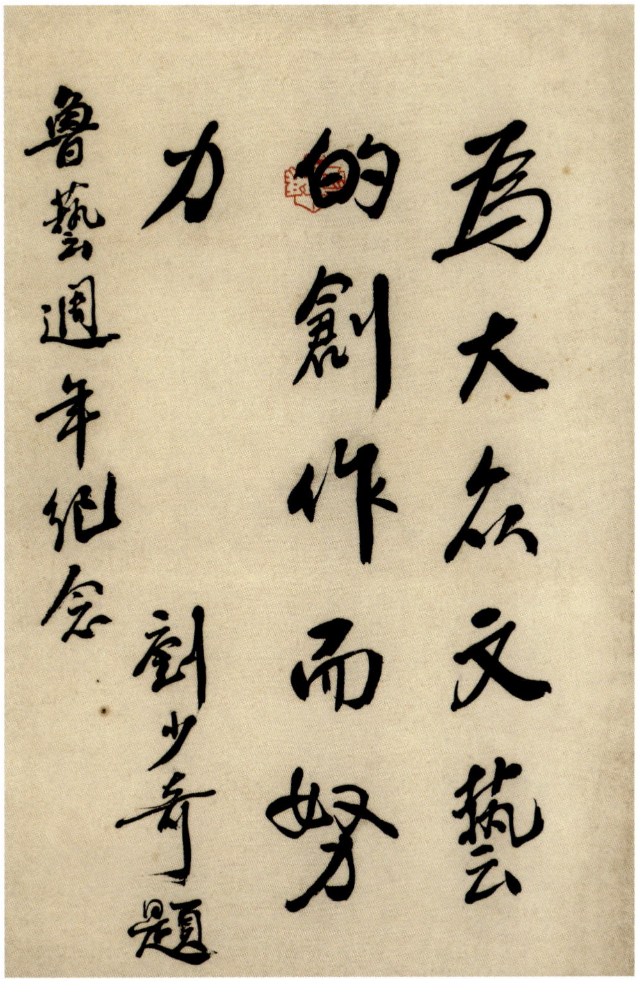

刘少奇《鲁迅艺术学院题词》

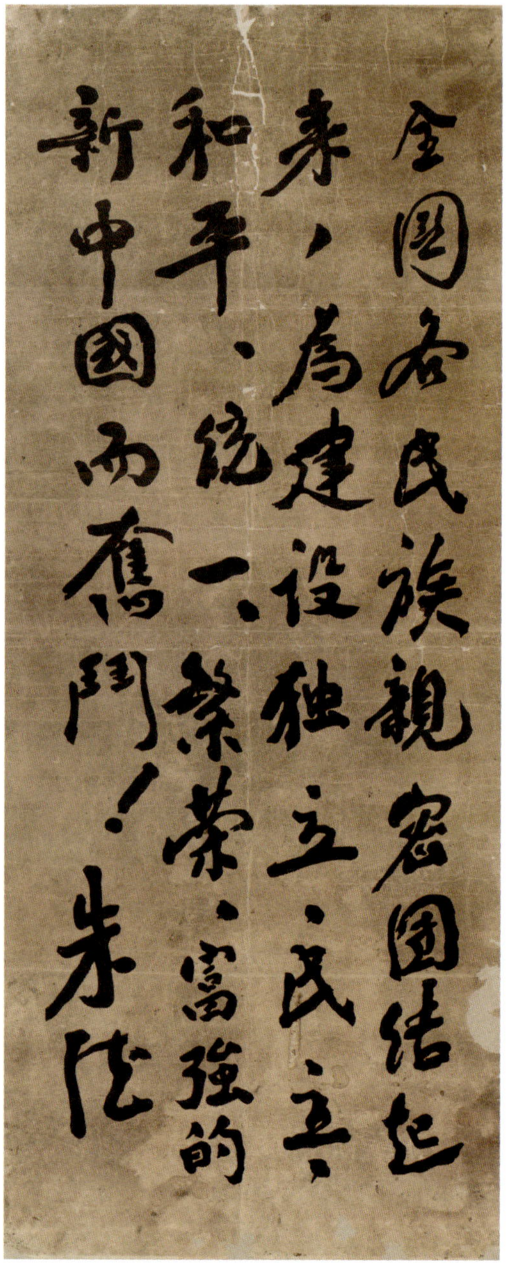

朱德《全国各民族大团结题词》

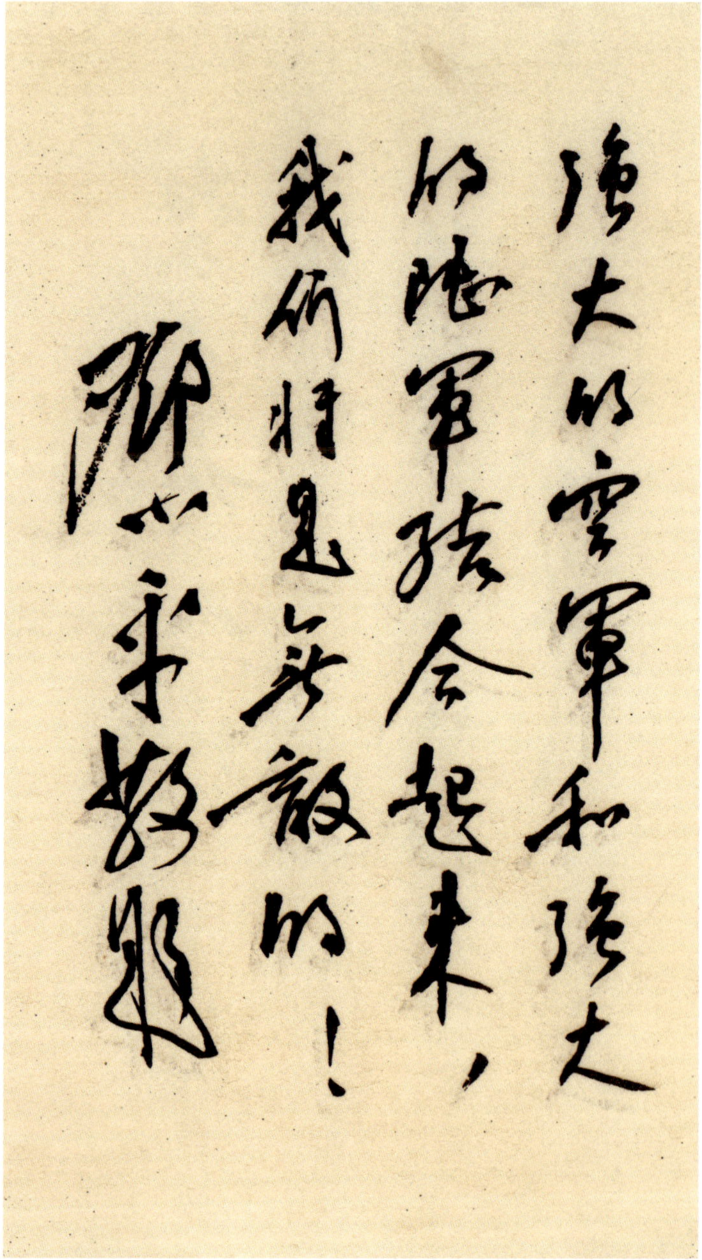

邓小平《人民空军》创刊号题词

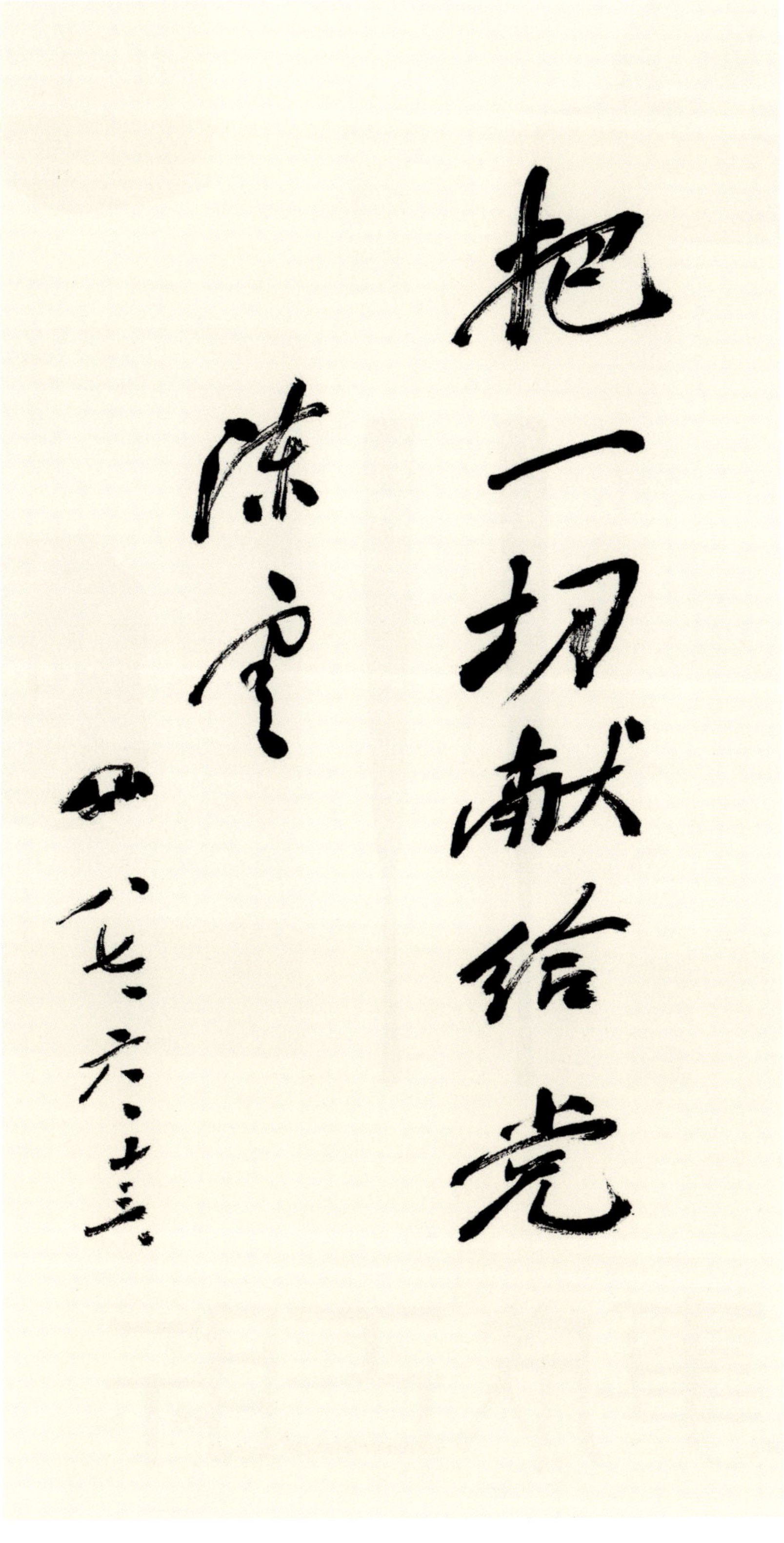

陈云《把一切献给党》

笔墨纸砚篇

—〈清〉吴让之『甘泉程伯宇所读书』印—

—〈清〉吴让之刻方竹四面印—

玺印、印谱篇

—〈魏〉关中侯金印—

竹木牙漆篇

—〈清〉蟠龙葡萄黄花梨笔筒—

—〈现代〉巧雕红湘妃巨扇—

书法篇

—〈清〉伊秉绶隶书横披—

选自《藏杂 杂说——我与收藏的故事》

再創煇煌

〈元〉剔犀心形纹毛笔

〈汉〉铜嵌陶盖砚

玉石瓷铜篇

〈三国〉吴凤凰三年铜镜

〈清〉八宝嵌玉如意

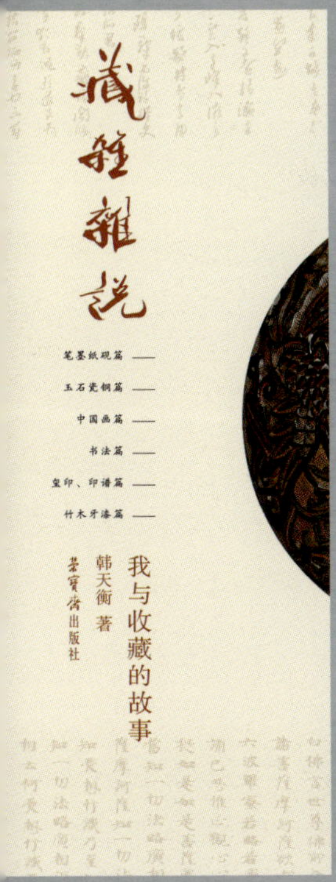

此书涵盖了二百余件藏品，分为笔墨纸砚、玉石瓷铜、中国画、书法、玺印和印谱、竹木牙漆六大篇章。韩先生的艺术视野遍及篆刻、书法、绘画、鉴赏、收藏、教育、公益等诸多领域，其起步之早、范围之广、影响之远，在当代艺坛中罕有。

〈清〉太平洗象芙蓉石雕

中国画篇

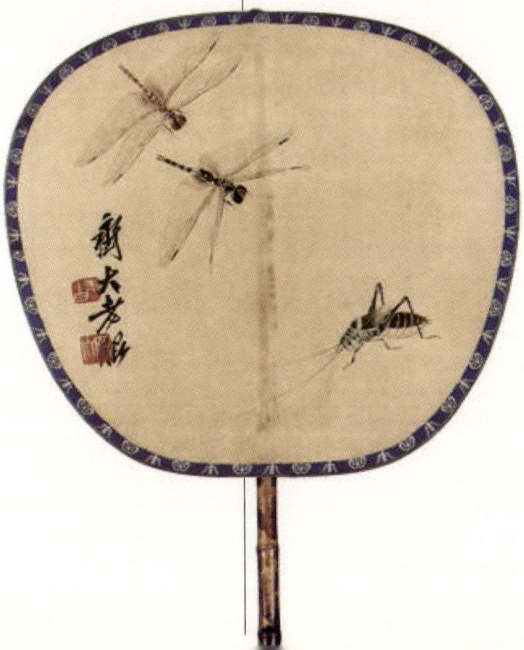

〈现代〉齐白石工笔草虫纨扇

〈清〉石涛兰花扇面

2020

12月，《中国书法全集》国家出版基金资助项目结项。

《唐代绘画史》《刘少奇书法选》获第二十九届“金牛杯”优秀美术图书评奖银奖，《卿云五色·童衍方书云百题》《荣宝斋书法篆刻讲座 隶书》获铜奖。

《荣宝斋》期刊入选第27届北京国际图书博览会“2020中国精品期刊展”。

VR版《荣宝斋珍藏2》获中版集团第八届青年创新大赛二等奖，《荣宝斋图书名家分享会》获提名奖。

《历代草书名家名帖经典字例解析丛书》（12册）入选中国出版集团有限公司2020年度宣传文化发展专项资金资助项目。

《荣宝斋藏册页》（俄文版）被俄罗斯出版商协会评为2019年度艺术类最佳出版物。

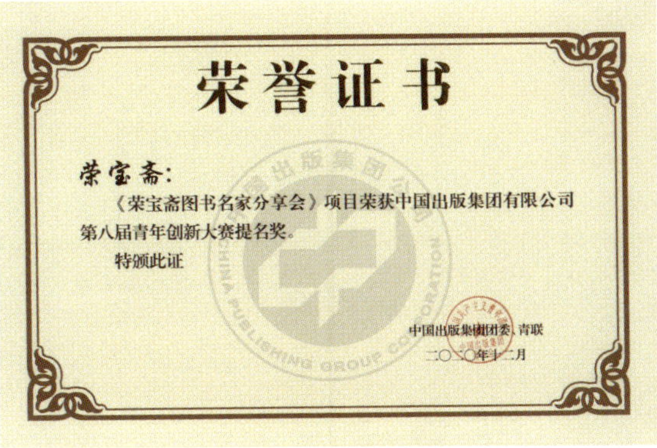

荣誉证书

荣宝斋：

《荣宝斋图书名家分享会》项目荣获中国出版集团有限公司第八届青年创新大赛提名奖。

特颁此证

中国出版集团团委、青联

二〇二〇年十二月

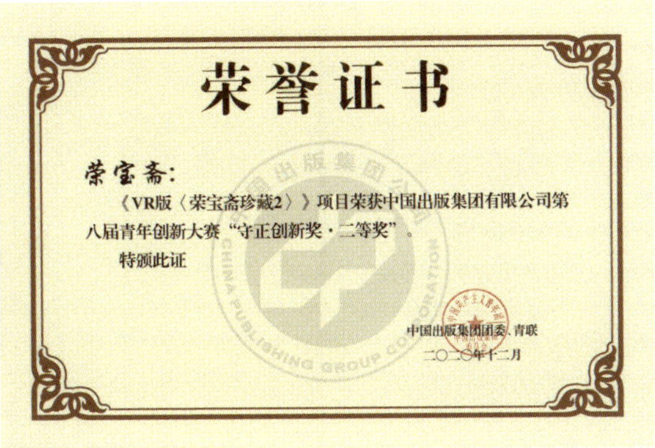

荣誉证书

荣宝斋：

《VR版〈荣宝斋珍藏2〉》项目荣获中国出版集团有限公司第八届青年创新大赛“守正创新奖·二等奖”。

特颁此证

中国出版集团团委、青联

二〇二〇年十二月

荣誉证书

museum.gmw.cn

时政 国际 时评 理论 文化 科技 教育

首页> 博物馆频道> 今日头条 > 正文

VR版《荣宝斋珍藏》亮相2020年服贸会

来源：光明网 2020-09-09 11:25

9月4日,2020年中国国际服务贸易交易会在北京开幕。作为今年我国首个线下举办的重大国际经贸活动,面向全球展示我国服务业的新技术、新产品、新应用。

其中,展示全国文化中心建设取得的重要成就和发展规划的文化服务专题展中,荣宝斋出版社携手中图云创公司打造的VR版《荣宝斋珍藏2》亮相展区,通过3D建模技术再现了清代著名画家王原祁、王敬铭的《皆山园图卷》,数字化技术让艺术图书获得了向大众传播的新机遇,更方便、快捷地向大众传播中国优秀传统文化之美。

随着《荣宝斋珍藏》图书的徐徐展开,《皆山园图卷》展现在大众面前,青山蔼蔼,碧水粼粼,飞瀑直泻,鸟儿欢鸣,行人穿梭其中,悠然自得。仿佛如世外桃源,在这"可居、可观、可游"的人间仙境中,不觉神思飞扬,胸襟开阔,涤除尘埃,享受着自然界的旖旎风光,体验着乡间古道的静谧祥和。

荣宝斋出版社社长崔伟表示, VR 出版作为创新产业形态的新动力,进一步运用5G 与人工智能技术赋能将推动艺术图书向纵深化、精细化、多元化、大众化方向发展。VR版《荣宝斋珍藏》可视为一个新的起点,在现代科技的帮助下,使科技、文化与艺术有机融合,让读者实现沉浸式、互动式阅读体验,搭起中国艺术通向走向世界的桥梁。

中图云创生态合作总监陈曦表示,很荣幸和荣宝斋出版社合作,我们希望助5G时代的新技术,让平面的《荣宝斋珍藏2》图书'动'起来,让优秀的中华文化'活'起来,让读者身临其境地阅读和享受文化。同时期待我们的合作会更加的精彩。

视觉焦点

约翰内斯堡迎接金砖峰会到来

走近南博会上的多彩非遗

最热文章

1 联播+｜这部英雄史诗，习近平多次提及

2 为子孙后代留下山清水秀的生态空间 加快灾后恢复重建

3 【光明论坛】坚定文化自信 牢牢把握文化发展自主权

4 各地各有关部门深入贯彻落实

VR版《荣宝斋珍藏2》报道、体验入口

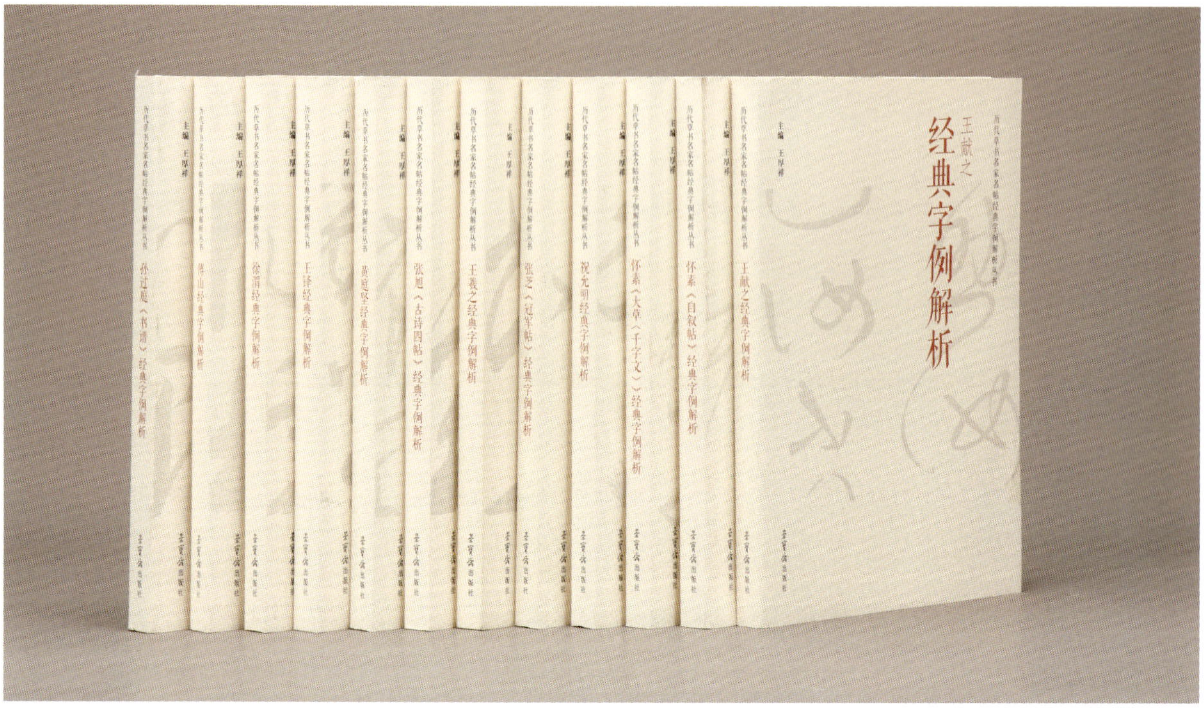

《历代草书名家名帖经典字例解析丛书》（12册）

2021

3月，荣宝斋出版社期刊中心成立，李向阳任期刊中心负责人兼《荣宝斋》期刊主编，唐昆任《艺术品》期刊执行主编。

4月，《历代画谱类编 山水（1—18）》获中国出版集团公司“镇社之宝”提名。

7月，《黄宾虹文集全编》获第五届中国出版政府奖图书奖提名奖。

《荣宝斋藏红色经典书画鉴赏百帧》入选“致敬中国共产党成立100周年”中版好书榜特榜。

9月，《荣宝斋》期刊获首届“方正电子”杯中国期刊设计艺术周优秀封面设计奖，入选第二十八届北京国际图书博览会（BIBF）“2021中国精品期刊展”。

《艺术品》期刊获首届“方正电子”杯中国期刊设计艺术周优秀封面设计奖、优秀版式设计奖，入选第二十八届北京国际图书博览会（BIBF）“2021中国精品期刊展”。

12月，《中国书论类编》《吴昌硕文集全编》入选“十四五”时期国家重点图书出版专项计划。

《黄宾虹年谱长编》入选中版好书榜2021年度榜。

《荣宝斋藏红色经典书画鉴赏百帧》获评2021年优秀主题出版项目。

《荣宝斋藏红色经典书画鉴赏百帧》（数字交互书）获中国出版集团有限公司第九届青年创新大赛三等奖。

《黄宾虹年谱长编》获第三十届“金牛杯”优秀美术图书评奖银奖，《马欣乐大唐盛景图卷》获装帧设计铜奖。

《黄宾虹文集全编》获中国出版集团公司2021年度出版特别贡献奖。

《艺术品》期刊由月刊变更为双月刊。

《荣宝斋》期刊出版200期。

知常明变 守正创新
——《荣宝斋》期刊出版二百期概述

《荣宝斋》期刊创刊于一九九九年十月，二〇〇〇年一月正式交北京市报刊发行局面向国内外公开发行。办刊宗旨是：『展示中华文化风采，开展美术理论探讨，推介优秀书画作品，传播鉴赏与收藏知识，报道艺术市场信息。』二〇一〇年，《荣宝斋》由双月刊改为月刊。

自创刊以来，在中国出版集团、荣宝斋领导的关怀下，特别是在老主编唐辉先生的带领下，《荣宝斋》一直以我国古代传统艺术作品及理论、当代艺术品和艺术品市场为主要研究对象，坚持以中国传统书画艺术的发掘和研究为主体，同时兼顾其他艺术门类，坚持学术引领，弘扬传统书画艺术。

二十余年来，《荣宝斋》除了『物华天宝』『艺术论坛』『画苑』『鉴赏与收藏』『观点荟萃』『艺术产业窗』『艺林纪事』『艺坛时讯』等常设栏目外，还会紧跟当年文化动向来增设、调整相应栏目。如为宣传古代及近代艺术家的传统文哲功底，引导艺术家加深对传统古典文化、哲学的研究，引导艺术家写作，扭转当代画坛的一些不重视阅读的风气而增设了『艺术文苑』『艺术随笔』栏目，再如『人物聚焦』『热点争鸣』、个人『专栏』等栏目。

秉承深宏中正办刊宗旨的《荣宝斋》，一直严肃办刊、严谨编刊。据中国知网统计二〇〇三年至二〇二〇年数据：出版文献量计一万一千零四十三篇，总下载量为四十七万四千零四十六次，总被引次数共三千四百九十九次。期刊的全世界机构用户总数达六千二百一十八个（国内有北京大学、复旦大学、中国人民大学、国家图书馆等五千七百四十九个，国外有哈佛大学、耶鲁大学、剑桥大学、牛津大学等四百六十九个）。

《荣宝斋》期刊被业内专家认为是『我国美术界、书画界以及文物鉴定界屈指可数的优秀刊物』『在弘扬传统文化和促进当代艺术发展方面做出了巨大的贡献』。《荣宝斋》期刊曾多次荣获中国出版集团有限公司奖项，多次荣获『中国最美期刊』称号，并被被中国期刊协会评为『新中国六十年有影响力的期刊』。

二〇二一年七月，在举国喜迎建党一百周年之际，又恰值《荣宝斋》出版二百期。为此，我们特出版《〈荣宝斋〉期刊出版二百期中国书画名家庆贺作品集》专刊，以书画会友，同贺杂志二十余年历程，更祝愿祖国繁荣昌盛。『行远必自迩，登高必自卑。』我们深知：《荣宝斋》期刊成长的每一步都凝聚着广大艺术家、理论家及广大读者常年的厚爱与支持！

《荣宝斋》期刊编辑部
二〇二一年七月

《荣宝斋》期刊出版200期

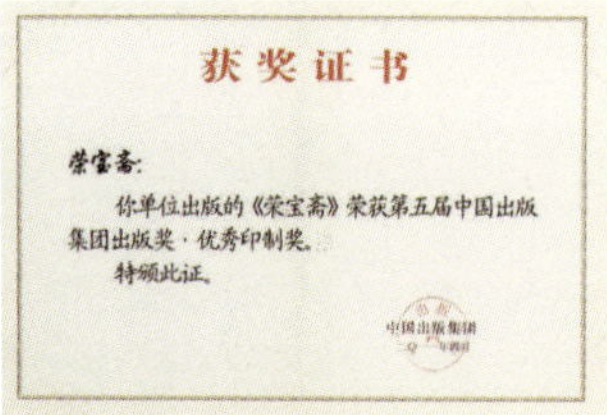

获奖证书

荣宝斋：

你单位出版的《荣宝斋》荣获第五届中国出版集团出版奖·优秀印制奖。

特颁此证。

中国出版集团

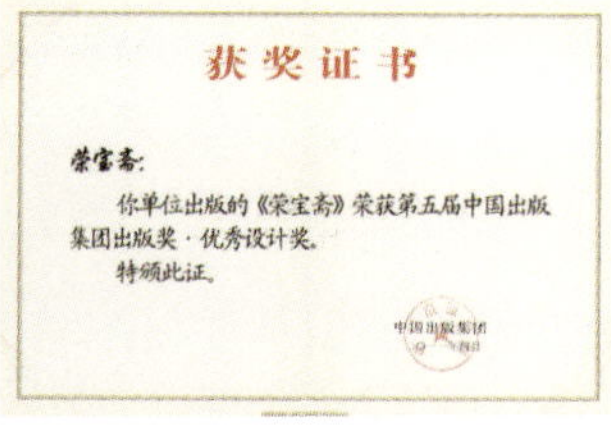

获奖证书

荣宝斋：

你单位出版的《荣宝斋》荣获第五届中国出版集团出版奖·优秀设计奖。

特颁此证。

中国出版集团

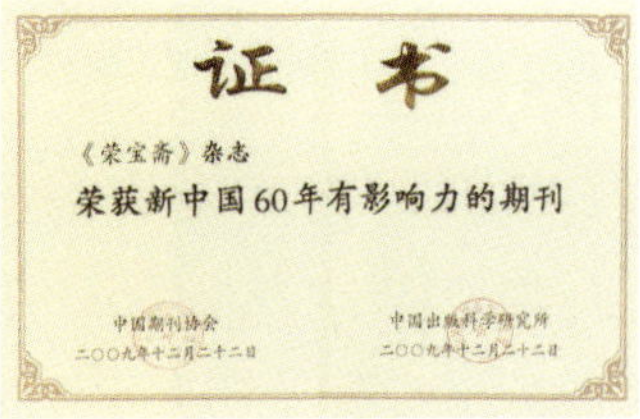

证　书

《荣宝斋》杂志

荣获新中国60年有影响力的期刊

中国期刊协会　二〇〇九年十二月二十二日

中国出版科学研究所　二〇〇九年十二月二十二日

荣誉证书

荣宝斋出版社：

贵单位出版的《荣宝斋》2017年第9期入选2018年"中国最美期刊"。

特发此证，以兹鼓励。

中国期刊协会

中国（武汉）期刊交易博览会组委会

二〇一八年九月十四日

荣誉证书

荣宝斋出版社：

贵单位出版的《荣宝斋》2015年第10期入选2016"中国最美期刊"。

特发此证，以兹鼓励。

中国（武汉）期刊交易博览会组委会

二〇一六年九月二十三日

荣誉证书

荣宝斋出版社：

贵单位出版的《荣宝斋》2014年第8期入选2015"中国最美期刊"。

特发此证，以兹鼓励。

中国（武汉）期刊交易博览会组委会

二〇一五年九月十八日

《荣宝斋》期刊所获荣誉

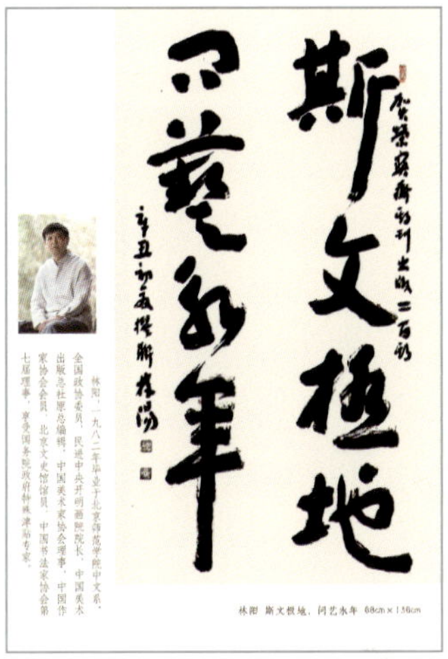

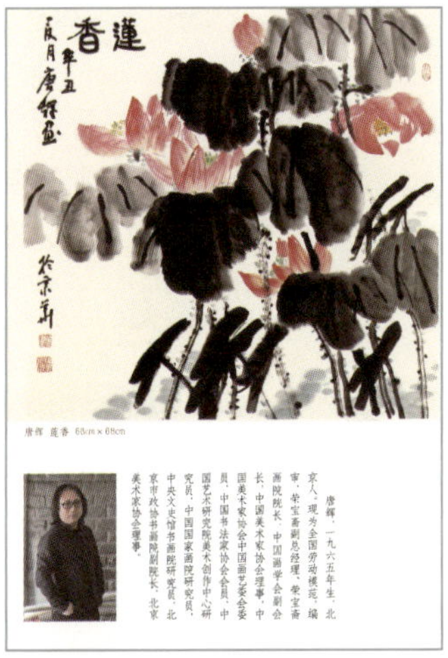

书画名家庆贺作品

黄宾虹 1865—1955

原名质，字朴存，号宾虹，别号予向。安徽歙县人。自幼酷嗜丹青，曾从陈崇光、郑珊等学画。一九〇八年起在沪京等地从事书画编辑、鉴定和教学。一九四八年来杭，应聘任国立艺术专科学校教授，后兼任中央美术学院国画研究所所长、华东美术家协会副主席等职。荣获华东行政委员会所授的人民艺术家称号。黄宾虹特擅山水。初从明人入手，继攻宋代马、夏、二米与元四家，又上溯五代之荆、关、董、巨，下取清代之程邃、髡残，兼综并蓄，旁收博采，尽窥古人之深心。平生又喜游历，足迹遍及名山大川，实地写生，积稿盈万。故其画融会古今，穷极变化，自成浑厚华滋之独特面貌。用笔融入篆籀之意，凝重高古，刚健婀娜；又精墨法，好用破墨、积墨、宿墨；其章法乱而不乱，不齐而齐，繁而不闷，疏而不空，尤善以『黑、密、厚、重』之繁体抒写山川浑然之气趣。间作花鸟虫鱼，妍雅清逸，别有水流花开之妙。黄宾虹学养渊博，著述宏富，出版有《黄宾虹美术文集》等，另有《黄宾虹画集》等多种画册行世。黄宾虹是现代中国画坛的艺术大师，杰出的艺术教育家。

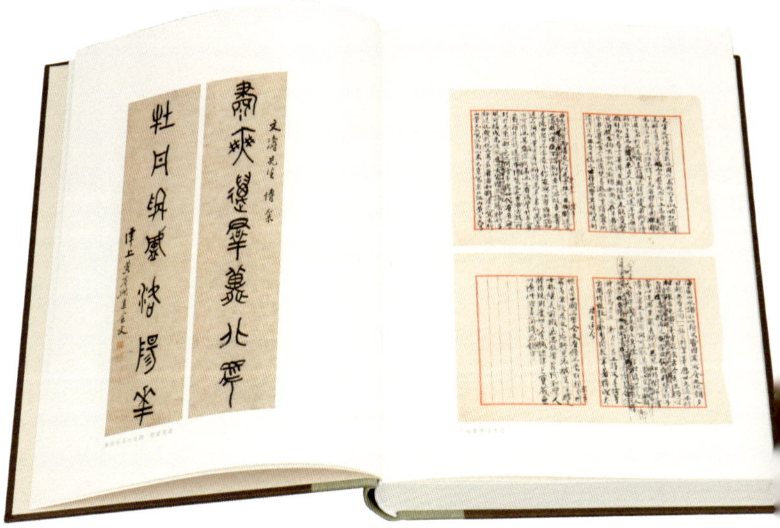

《黄宾虹文集全编》

《黄宾虹文集全编》共七册，分别为《书画编·上》《书画编·下》《鉴藏编》《金石编》《杂著编》《书信编》《译述编·题跋编·诗词编》。本书为“十三五”国家重点出版项目，共计二百余万字，对黄宾虹一生的书画理论、古物鉴藏、书信、题跋、诗词等进行了全面收录和整理，其中未曾公开发表过的内容占到了全书篇幅的三分之一以上。编纂者数十年如一日，做了大量艰苦细致的采访调查和考据研究，一方面地毯式地检索晚清以来上海及各地大小报章杂志，并根据相关的数据库，充实了数量可观的内容，力求收全黄宾虹已出版的文字；另一方面借助世界艺术市场，关注流通于公私藏家手中的黄宾虹作品题跋、友朋信札，同时认真鉴别，去伪存真，去芜存菁，保全了历史文献的真貌。这些材料多方位展示了黄宾虹的艺术与理论成就，有助于读者更加全面、立体地认识黄宾虹。

《黄宾虹文集全编》内页

《黄宾虹文集全编》

黄賓虹
文集全編
譯述編 題跋編 詩詞編
柒
王中秀主編
榮寶齋出版社
黄賓虹
文集全編
書信編
陸
王中秀主編
榮寶齋出版社
黄賓虹
文集全編
鑒藏編
伍
王中秀主編
榮寶齋出版社
黄賓虹
文集全編
雜著編
肆
王中秀主編
榮寶齋出版社

再創煇煌

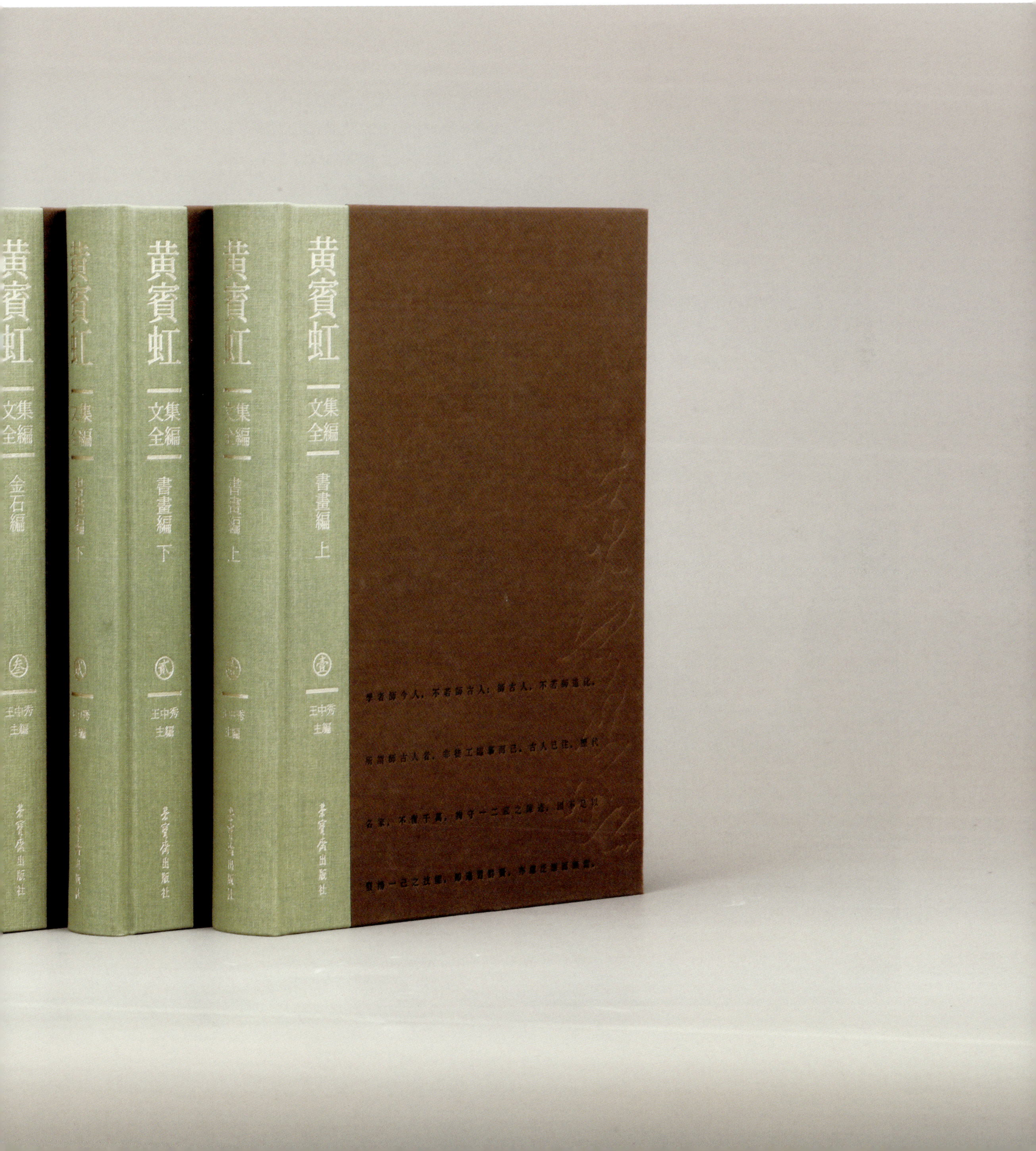

荣宝斋出版社努力思考并实践在新时代背景下结合移动互联网，把红色文化“用起来”，让红色资源“活起来”。融媒体版《荣宝斋藏红色经典书画鉴赏百帧》数字交互书，尝试将红色文化资源与数字技术、移动互联网有机结合，再现了红色经典书画作品的魅力，不断满足人民继承和弘扬红色基因、弘扬时代主旋律的迫切需求。

钱松喦《古塞春来》（选自《荣宝斋藏红色经典书画鉴赏百帧》）

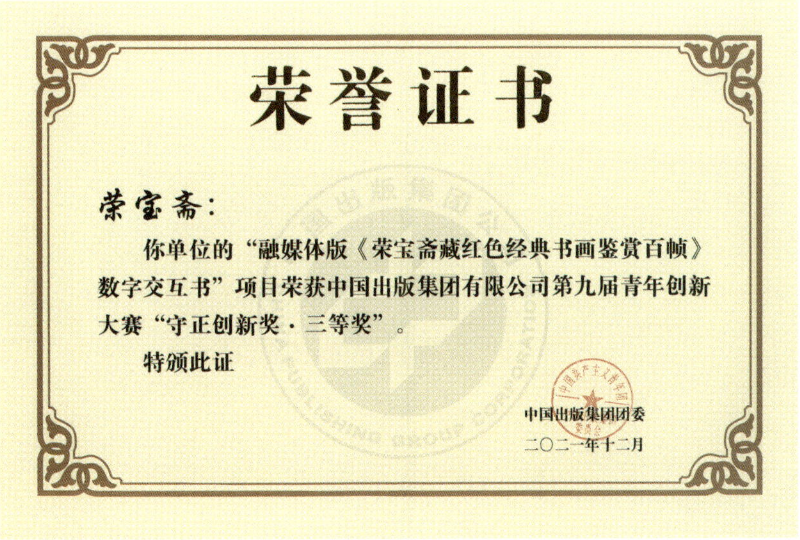

荣誉证书

荣宝斋：

你单位的“融媒体版《荣宝斋藏红色经典书画鉴赏百帧》数字交互书”项目荣获中国出版集团有限公司第九届青年创新大赛“守正创新奖·三等奖”。

特颁此证

中国出版集团团委

二〇二一年十二月

荣誉证书

为祝愿祖国更加繁荣昌盛，弘扬中华民族传统文化，荣宝斋出版社和荣宝斋美术馆特推出精品图书《荣宝斋藏红色经典书画鉴赏百帧》。新中国成立以来，荣宝斋在各方面取得了丰硕的成果，特别是书画收藏，荣宝斋珍藏作品丰富，尤其是现当代艺术家作品数量蔚为壮观。许多红色题材作品是中国革命战争和社会主义建设时期美术创作的重要组成部分，放在美术史的长河里，都是熠熠生辉的明珠。本书从荣宝斋美术馆藏品中精选出陈毅等老一辈革命家及齐白石、郭沫若、徐悲鸿、钱松喦、傅抱石、吴作人、关山月、宋文治、魏紫熙、费新我、启功等著名书画家的一百件红色经典作品。这些作品以毛主席诗词、革命圣地、社会主义建设、祖国大好河山等为题材，其历史感与时代精神相融合，让我们在重温中国共产党创立及发展的风雨历程和光辉成就的同时，也能感受新中国红色经典创作的艺术特色。

体验入口

《荣宝斋藏红色经典书画鉴赏百帧》（数字交互书）使用界面、体验入口

吴作人《鹰击长空》（选自《荣宝斋藏红色经典书画鉴赏百帧》）

荣誉证书
国新闻出版总署
2022中国图书海外馆藏影响力评估
证 书
Certificate for World-renown
Books from China
北京外国语大学国际新闻与传播学
中 国 编 辑

第十一届输出版、引进版优秀图书评选
获奖证书
中国出版集团公司
CHINA PUBLISHING GROUP CORPORATION
中国期刊协会

荣宝斋出版社所获荣誉

2022

9月，刘蓓任荣宝斋出版社社长。

《荣宝斋350周年纪念文集》《墨彩华章——纪念荣宝斋350周年珍藏书画精品》《百花献瑞——纪念荣宝斋350周年当代名家邀请展作品集》《几案山林——纪念荣宝斋350周年珍藏文房集萃》出版。

《魏楷体系研究》（上、中、下）入选2022年度国家出版基金资助项目。

《黄宾虹文集全编》获第十届中国出版集团公司出版奖，《周恩来书法选》获优秀印制奖，

《荣宝斋》期刊获优秀报刊装帧设计奖。

《老一辈革命家诗词行草书集字帖》被评为2022年度中国出版集团公司优秀主题出版物。

《墨彩华章——纪念荣宝斋350周年珍藏书画精品》入选2022年中国出版集团公司年度中版好书榜。

《书法合体论》入选《书法》杂志2022年度书法好书榜。

10月30日，纪念侯恺同志百年诞辰，“侯恺铜像揭幕仪式暨《侯恺掌门荣宝斋》图书首发、纪录片首映座谈会”在山西省左权县举办。

12月8日，《2022中国图书海外馆藏影响力报告》发布，荣宝斋出版社数字出版物海外馆藏数量位列前十；纸质图书海外馆藏数量进入百强，排名第65位。

12月20日，《寸耕堂吉金题识》获第三十一届“金牛杯”优秀美术图书评奖装帧设计铜奖。

刘蓓

时光飞逝，
那些珍贵的光影资料满载前辈们工作过的印记；
那些存放的图书档案虽已斑驳泛黄却又历久弥新、书香不减，
仿佛伫立在回忆里一道深刻的风景，
值得被铭记。

新一代的荣宝出版人要接续老一辈勤劳苦干、求真务实的作风，在荣宝斋的整体战略部署中守正创新，奉献更多无愧于品牌、无愧于时代的精品力作，努力把荣宝斋出版社建设成为艺术类出版名社、强社。

——刘蓓（荣宝斋有限公司总经理助理、荣宝斋出版社社长）

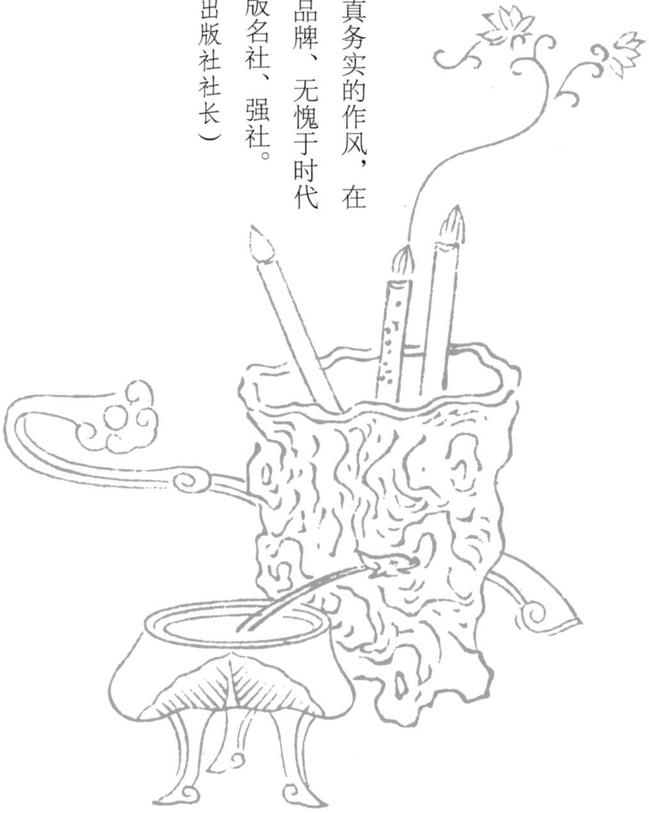

赵东书记接受采访

在这350年历史的潮汐里，在沧海桑田社会巨变的洪流中，“松竹斋”“荣宝斋”“荣宝斋新记”的转型与成长，饱含着艰苦卓绝的奋斗精神，也留下了几代人砥砺前行的坚实脚印。改革开放以来，荣宝斋始终坚持与时俱进、守正出新的经营理念，在不同的历史时期，都取得过令人瞩目的成绩，并成为文化经营领域的引领者和排头兵。

——赵东《写在前面》（选自《荣宝斋350周年纪念文集》）

《荣宝斋350周年纪念文集》

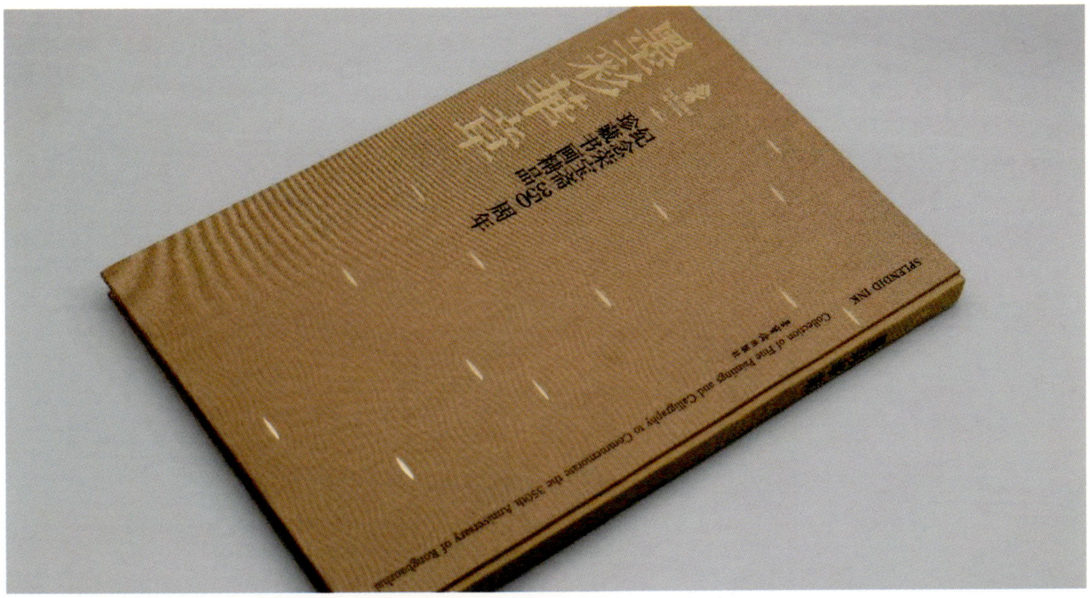

《墨彩华章——纪念荣宝斋350周年珍藏书画精品》

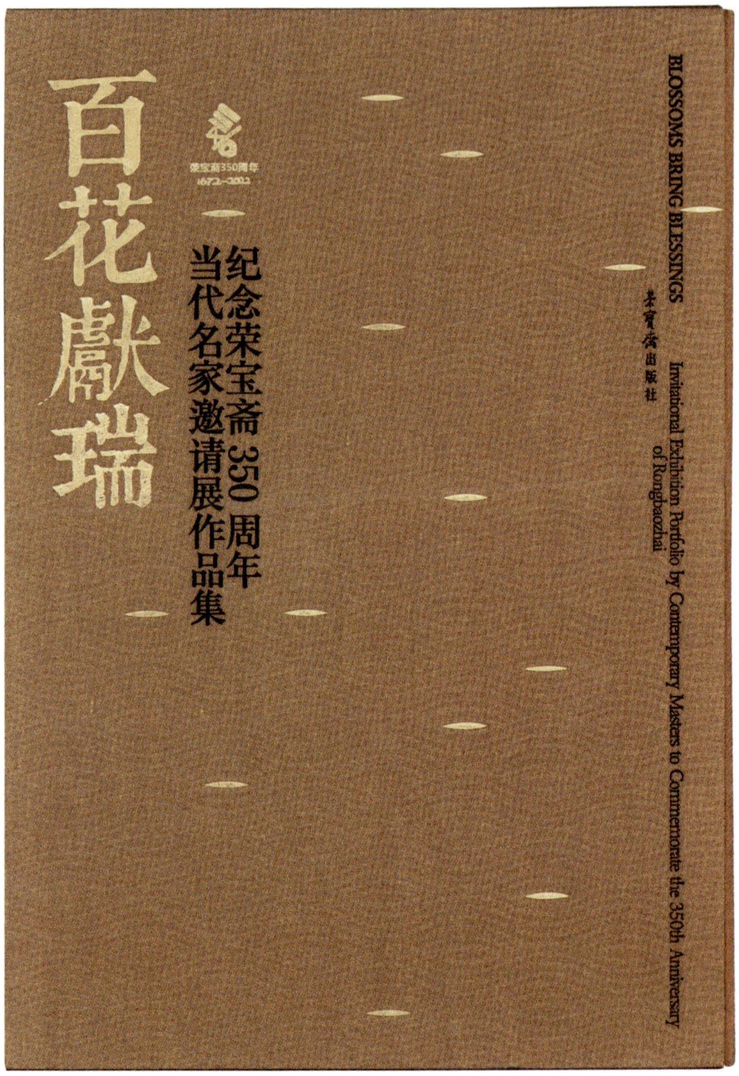

《百花献瑞——纪念荣宝斋350周年当代名家邀请展作品集》

《几案山林——纪念荣宝斋350周年珍藏文房集萃》

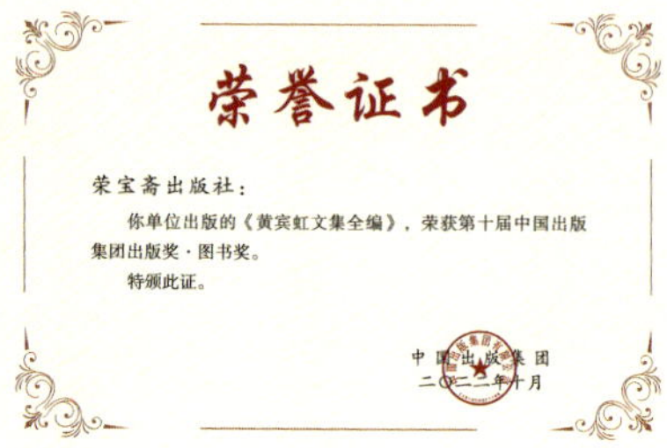

荣誉证书

荣宝斋出版社：

你单位出版的《黄宾虹文集全编》，荣获第十届中国出版集团出版奖·图书奖。

特颁此证。

中国出版集团
二〇二二年十月

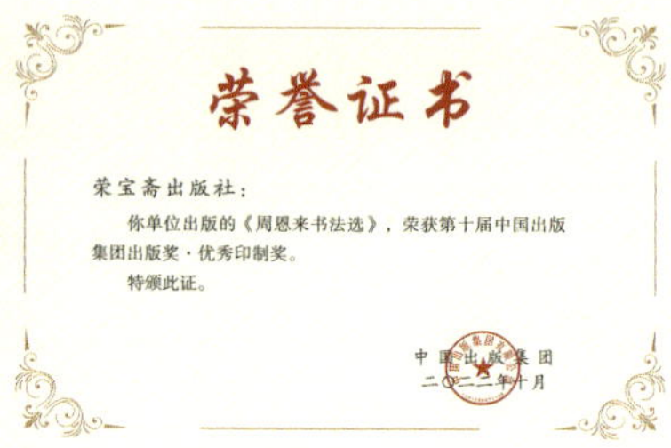

荣誉证书

荣宝斋出版社：

你单位出版的《周恩来书法选》，荣获第十届中国出版集团出版奖·优秀印制奖。

特颁此证。

中国出版集团
二〇二二年十月

荣誉证书

荣宝斋出版社：

你单位出版的《荣宝斋》，荣获第十届中国出版集团出版奖·优秀报刊装帧设计奖。

特颁此证。

中国出版集团
二〇二二年十月

荣誉证书

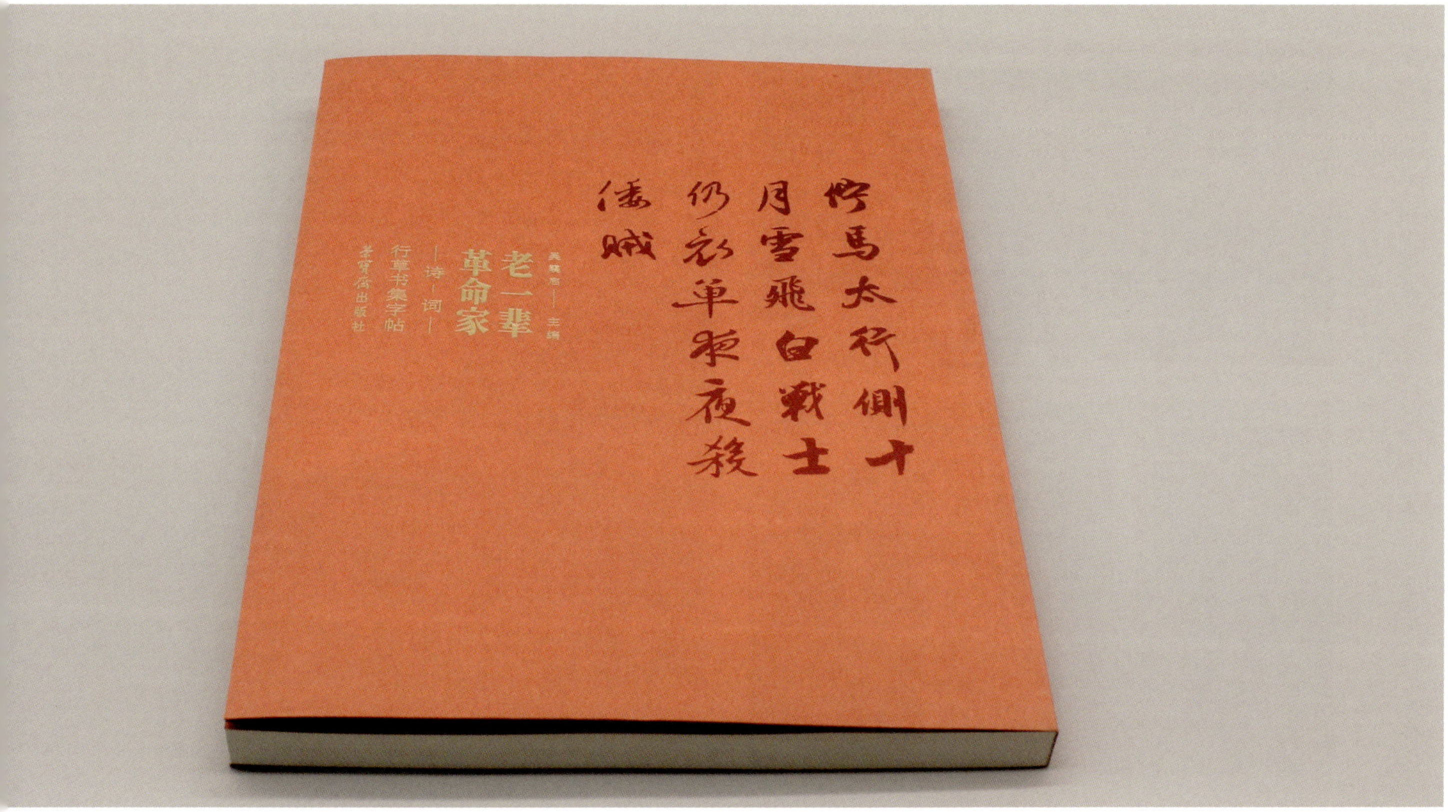

《老一辈革命家诗词行草书集字帖》

《侯恺掌门荣宝斋》

刘蓓社长参加揭幕仪式

荣宝斋出版社社长刘蓓回顾了侯恺同志在荣宝斋的工作经历及其为中国书画艺术发展所做出的贡献，并表示今天的荣宝斋人将以侯恺同志为榜样，按照习近平总书记提出的推动中华优秀传统文化实现创造性转化、创新性发展的要求，努力打造高质量的精神产品，满足人民群众日益增长的精神需求，为文化强国建设贡献力量。

12月8日，2022中国图书海外馆藏影响力报告发布，荣宝斋出版社数字出版物海外馆藏数量位列前十；纸质图书海外馆藏数量进入百强，排名第65位。

中国出版传媒商报社
北京外国语大学国际新闻与传播学院・中国文化走出去效果评估中心

荣宝斋出版社

获2022中国图书海外馆藏影响力
出版100强

中国出版传媒商报
北京外国语大学国际新闻与传播学院・中国文化走出去效果评估中心

2022年12月

《寸耕堂吉金题识》

王鏞 著
寸耕堂古金題識
紫禁城出版社

2023

4月28日，荣宝斋出版社30周年社庆。

2月25日，郑晓华《图形、技术、人文——郑晓华学术论文随笔集》《郑晓华翰墨中华系列 · 蒙学集萃》图书推介会举行。

5月17日，《荣宝斋画谱237· 王雪涛绘花卉部分》入选“2022年向全国老年人推荐优秀出版物活动”推荐书目。

《带你读懂〈清明上河图〉》《带你读懂〈千里江山图〉》《带你读懂〈韩熙载夜宴图〉》《美术经典中的红色中国》入选国家新闻出版署《2023年农家书屋重点出版物推荐目录》。

《中国书画美学史》获第八届中华优秀出版物奖图书提名奖。

《艺术品》期刊更名为《美术创作研究》。

2023年4月28日
荣宝斋出版社30周年社庆

赵东书记（前右）、刘蓓社长（前左）寄予祝福

荣宝斋出版社三十周年纪念活动

荣寶齋出版社
荣寶齋出版社
荣寶齋出版社
荣寶齋出版社

2023年2月25日上午，由荣宝斋出版社主办郑晓华著“《图形、技术、人文——郑晓华学术论文随笔集》《郑晓华翰墨中华系列·蒙学集萃》图书推介会”在“第35届北京图书订货会”中国国际展览中心(朝阳馆)1号馆2层中国出版集团展区举行。

郑晓华翰墨中华系列
蒙学集萃
上编
中编
下编
郑晓华 著
当代书法理论文集系列
图形、技术、人文
——郑晓华学术论文随笔集
上卷
中国出版集团学术著作出版资助项目
郑晓华／著

活动现场

《带你读懂〈清明上河图〉》

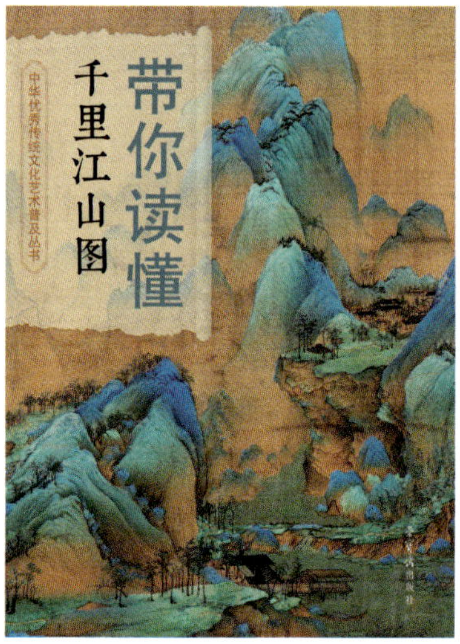

《带你读懂〈千里江山图〉》

《带你读懂〈韩熙载夜宴图〉》

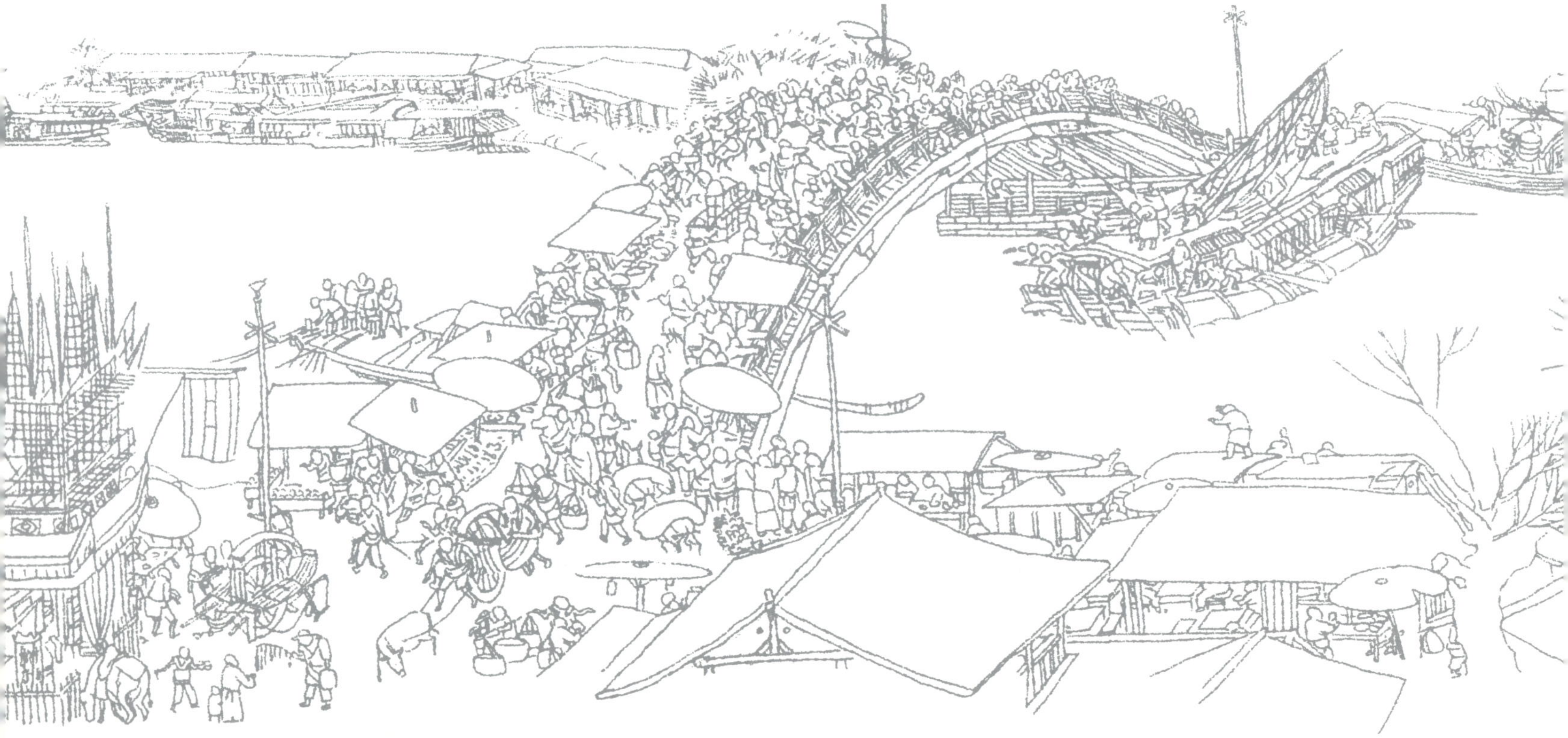

美术经典中的
MEISHU JINGDIAN
ZHONG DE
HONGSE ZHONGGUO
红色
中国
荣宝斋出版社

中国书画
美学史
An Aesthetics History of
Chinese Calligraphy
and Painting
樊波 著
上
樊波
1957年12月生。
南京艺术学院教授，博士生导师，
江苏省美学学会副会长。
中国书画美学史既是历史科学，又是理论科学，或者说是历史科学和理论科学的统一。具体来讲，中国书画美学史就是研究各个历史时期美学家和艺术家的绘画美学和书法美学思想，研究各个历史时期的绘画美学和书法美学思想之间的相互联系、转化和发展的关系。
——《中国书画美学史·绪论》
中国书画
美学史

中国书画
美学史
中国书画
美学史

再创辉煌

目 录

《中国书画美学史》

荣宝斋出版社参加第二十九届北京国际图书博览会（BIBF）

榮寶齋
琉璃厂西街
19

荣宝斋出版社全体员工大合影

第三届中国出版政府奖
先进出版单位奖
国家新闻出版广电总局

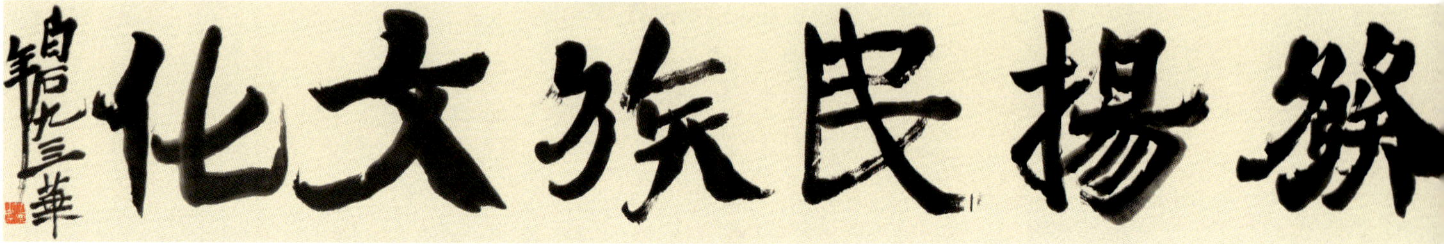

齐白石《发扬民族文化》（荣宝斋藏）

吴作人《任重道远》（荣宝斋藏）

领导寄语

我有一方闲章——“荣宝斋人”。自1992年9月以来至今我一直沿用了近三十年，我以能做一个荣宝斋人而自豪。几代人为荣名为宝这一箴言而奋斗着。荣宝斋出版社是这个大家庭的重要成员，热切期待它能在新的时代做出新的贡献！

——郜宗远（荣宝斋原总经理，荣宝斋出版社首任社长、总编辑）

荣宝斋出版社的选题、荣宝斋主办的期刊，都是与书画家联系的重要渠道。名家的作品，扩大提高了荣宝斋的影响，而荣宝斋的出版物又提升了画家的美誉度，二者是唇齿相依的关系。祝愿出版社在未来越办越好，发挥更大的作用！

——马五一（荣宝斋原党委书记、总经理）

荣宝斋出版社要勇于承担出版国家队的使命和担当，弘扬主旋律，传播正能量，牢牢把握出版导向，与时俱进，坚持走专、精、特、新的路子。为弘扬中华美育精神，塑造美好心灵，满足人民群众日益增长的对文化、艺术的需求而不懈努力。未来要不断做强、做大，在荣宝斋重振雄风的战略部署中再立新功！

——赵东（荣宝斋有限公司党委书记、执行董事）

荣宝斋出版社是一个非常有朝气的出版社，她既承载着传统书画艺术的精髓又努力地弘扬着时代创新的精神，给广大读者奉献了很多精品艺术图书。同时，出版社还有一批有潜力的青年编辑，他们有专业能力又有职业素养，希望他们具有时代的担当精神，为复兴和发展中国传统文化发挥更大的作用，做出更大的贡献。我相信，荣宝斋出版社一定会越来越好！

——唐辉（荣宝斋有限公司副总经理、荣宝斋出版社原社长）

后　记

在中国出版集团公司、荣宝斋有限公司领导的关怀和指导下，经过半年多的努力，《荣宝斋出版社三十周年大事记》终于完成了。作为荣宝斋出版社的社长，感慨颇深。

荣宝斋的出版事业起步很早。光绪二十二年（1896年）就成立了以笺纸印刷为主业的“帖套作”，并以做工精良、印制考究受到当时人们的好评。这个优秀传统一直持续到二十世纪三十年代，鲁迅、郑振铎委托荣宝斋刻印出版了《北平笺谱》和《十竹斋笺谱》两部采择精良的笺纸合集，更提高了荣宝斋出版的声誉。新中国成立后，荣宝斋的出版事业进入了一个新阶段，推出了许多具有鲜明时代特色的图书，为新中国成立初期的美术事业、文化推广、教育普及做出了突出的贡献。改革开放以来，荣宝斋出版社顺应社会发展潮流，在中国传统绘画、书法篆刻、西方美术、古今艺术理论、书画学术研究、美术普及和艺术鉴藏等出版领域深耕细作，出版了一系列优质图书，在很大程度上满足了人民的精神文化需求。进入新时代，荣宝斋出版社正以昂扬的斗志和不懈的努力为中华文化的传承和发展，为建设中华民族现代文明全力以赴。

秉持着光辉悠久的传统一路走来，荣宝斋出版社从一个印刷笺纸的“帖套作”发展成为集编、印、发于一体的现代美术出版机构。这不仅是一部现代美术出版的历史，更是几代荣宝斋出版人踔厉奋发、不断进取的历史，其中凝聚闪耀着的荣宝斋出版精神将永不褪色！

在这光辉与荣耀并存的三十年里，荣宝斋出版社打造了众多享誉艺坛的精品图书。将这些荣誉整理编排起来着实不是一件易事。我们以时间为纵向，图书品目为横向，认真查阅了出版社成立伊始至今的大量材料，这其中包括出版物、手稿、通信、单据、合同等300余份纸质资料；走访了老一辈的出版社职工，访谈记录了近百小时，形成了10万余字的谈话资料；复印扫描了近500幅图像资料。在这数以千计的材料中，往往因为篇幅所限不得不舍弃一些而感到十分遗憾。最后经过精心地编排设计，数易其稿，反复审阅，召开了多次编纂讨论会，才呈现出大事记现在的面貌。在此，我们应当记住为大事记的完成辛苦付出的同志们，并对在编辑过程中给予我们关心和帮助的领导以及各界朋友们致以衷心的感谢！

三十年日月风华，这段历程，是一本书，记录着奋斗的足迹，编织着梦想蓝图，铭刻着不懈追求，承载着全体荣宝斋出版人对光辉过往的敬意，对美好未来的展望。今天的我们，惟有加倍努力，以期这闪耀的品牌更加辉煌！

刘　蓓

2023年8月21日于万源夹道1号

时代的轨道上，

科技一路高歌猛进，

疾驰途中，

留下了长长的回忆和不愿割舍的情怀，

那些珍贵的光影资料满载前辈们工作过的印记；

那些存放的图书档案虽如同不再行驶载客的火车，

不再阡陌往来的铁路，

但对开拓者来说，

却是永不过时的“新作”，

值得被铭记；

对阅读者来说，

亦是伫立在回忆里一道深刻的风景，

历久弥新……

图书在版编目（CIP）数据

翰墨缥缃 ：荣宝斋出版社三十周年大事记 / 刘蓓主编．—— 北京 ：荣宝斋出版社，2023.9

ISBN 978-7-5003-2563-5

Ⅰ．①翰… Ⅱ．①刘… Ⅲ．①出版社－大事记－北京 Ⅳ．①G239.22

中国国家版本馆CIP数据核字(2023)第158054号

封面题字：唐　辉
封底篆刻：张建平

责任编辑：席　乐
装帧设计：吕丽梅
校　　对：王桂荷
责任印制：王丽清　毕景滨

HANMO PIAOXIANG：RONGBAOZHAI CHUBANSHE SANSHI ZHOUNIAN DASHIJI
翰墨缥缃：荣宝斋出版社三十周年大事记

出版发行：荣寶齋出版社
地　　址：北京市西城区琉璃厂西街19号
邮　　编：100052
制　　版：北京思梵星尚文化发展有限公司
印　　刷：北京荣宝艺品印刷有限公司
开　　本：635毫米×965毫米　1/8
印　　张：32.5
版　　次：2023年9月第1版
印　　次：2023年9月第1次印刷
定　　价：268.00元